改訂版

日韓類似ことわざ辞典

賈恵京 著

白帝社

序　文

文学は言葉による芸術と言えるが、学問としての文学の研究と言葉の研究は、存外、隔たっていることも否めない。例えば比喩表現の研究は、文学の研究と言葉の研究との懸け橋とも言うべき領域と考えられる。ことわざの研究もまたその領域のひとつに挙げられよう。

ことわざは、文レベルの形態を備え、極めて簡潔体ではあるものの、人間の生活のあらゆるものにかかわる知識や哲学の宝庫と言われている。民族の文化のひとつの結晶と言って過言ではなかろう。

本書の著者、賈惠京さんは、かねて日本のことわざに関心が深く、現在は韓国のことわざとの比較対照という研究テーマに取り組んでいる。賈さんの日本とのそもそものかかわりは、日本海沿岸のある町との友好提携交流員としての派遣が発端である由だが、その後、日本人と日本文化の理解の核心に届く手掛かりとして、ことわざに着目したことは卓見であった。そしてこのたび、研究成果の一里塚として、広く一般の人びとにも手にしていただけるはずの本書が上梓されたのである。

本書は、日本のことわざと韓国のことわざの中から、意味内容上、類似しているものをペアにして、比較対照しつつ解説した辞典である。

その分量は、前著を大幅に増補して570組にも及ぶ。日韓双方の関係文献からこれだけの多量を選出して解説した労を多としたい。

日本と韓国とは互いにいちばん近い国であることに思いを致して、日韓双方の江湖に本書が広く受け容れられるよう祈念したい。

2007年5月

吉田則夫

はしがき

日本に滞在して最も楽しいことの一つは、様々なイベントに参加し、たくさんの人々と交流することである。交流の末、知り合いも増えて、「あなたは顔が広いですね」と言われたときに、「顔の面積が広い」という思い込みから「ずいぶん失礼なことを平気でいう人だなあ」と誤解したこともある。こんな時に日本人は「足が広いですね」と言われたらどんな反応をするだろうか。これは、「人間関係が円満で様々な階層に知り合いがいる」とのことを表す韓国の言葉で、日本の「顔が広い」に対応する慣用句である。

言葉こそが人との真の交流や理解への架け橋であると私は信じている。「文は人なり」というが「言葉は心なり」ということができる。まさに言葉は生きていて、その場面の代弁者となり、歴史・文化・生活を物語るのである。特に、「ことば」に「わざ」という技術をつけた「ことわざ」は、生活のなかで生まれた民衆の知恵の結晶、文化の遺産ともいえよう。ことわざは、簡潔な言語形式のなかに豊かな思想と人生哲学が凝縮されていて、人々の日常行動の指針となっている。

本書に収録された日韓ことわざの大半はその意味が類似しているが、それは、日韓の地政学的原理をふまえ、かつてからの人的交流が旺盛だったことを裏付けている。日韓両国の人が国や民族を異にしながらも、如何に似通った物の見方・考え方をするかに驚くだろう。本書の見方によっては、ことわざにおける一部の語の置き替えや、内容的に微妙な差があるところに注目することで、そこから逆に日韓のアイデンティティが見えてくることだろう。読者の皆さんは「灯台下暗し」の教訓を基に、真の日韓交流の灯になっていただくことを切に望んでいる。

本書は、誰にでも楽しみながら分かりやすく読んでいただくために、ことわざの由来やイラストの編集にも気を配ったつもりである。

本書が出来上がるまでご助言を下さった多くの友人に衷心よ

り深く感謝申し上げる。そして、ことわざ研究の契機を賜った鳥取大学をご退官なさった大学院の前指導教官の森下喜一先生に敬意を表したい。また、現在、指導いただいている岡山大学の吉田則夫先生には懇切なご教示を賜り深くお礼を申し上げる。

本書の編集にあたり粉骨砕身にご努力していただいた黄珍柱さんと世正企画の文基哲社長に感謝の気持ちでいっぱいである。

最後に、本書の刊行にあたって、快くご承諾くださった白帝社の佐藤康夫社長に心より深くお礼を申し上げる。

2007年5月

賈　惠京

凡　例

1. 本書には、日韓両言語たがいに対応することわざ約570組を選んで収録した。類句として示したものを含めると、韓国語の句数は約1000語句にのぼる。
2. 見出しの上段に日本のことわざを五十音順に配列し、それに対応する韓国のことわざを下段に配列し、韓訳と和訳をそれぞれの右側に付した。
3. 各組の下段に意味と解釈をつけ、解釈には日韓の文化の特色が理解できるよう詳細な説明を加えた。
4. 解釈の欄に見出し語句と類似する日韓のことわざを付け加えた。
5. 必ずしもことわざとは言えない慣用句などであっても、他方に対応することわざがあるものは適宜収録した。
6. 日本のことわざにおいて、見出し語句の漢字の読みが難しいと思われる語には振り仮名を付した。
7. いくつかのことわざには、古くから韓国で言い伝えられてきた由来と、内容に適合したイラストを付した。
8. 目次は日本語の五十音順に、索引は韓国語の反切表（가갸표）順に配列した。

目 次

い

061 異性に目覚める　이성에 눈을 뜨다　50
062 痛い上の針　대가리 덜 곪은 부스럼에 아니 나는 고름 짜듯　50
063 至れり尽せり　간이라도 빼어(뽑아)먹이겠다　51
064 一難去ってまた一難　산 넘어 산이라　51
065 一日千秋の思い　일각이 삼추 같다　51
066 一弁狂えば七弁狂う　머리에 부은 물은 발꿈치까지 내려간다　52
067 一寸の虫にも五分の魂　지렁이도 밟으면 꿈틀한다　52
068 一石二鳥　꿩도 먹고 알도 먹는다　52
069 一飯の報い　머리털을 베어 신발을 삼다　53
070 井戸の鮒《ふな》　우물 안 개구리　53
071 井戸《いと》の端《はし》の童《わらべ》　우물가에 애 보낸 것 같다　54
072 犬になるなら大家の犬になれ
빰을 맞아도 은가락지 낀 손에 맞는 것이 좋다　54
073 犬は三日飼えば三年恩を忘れぬ　개도 주인을 알아본다　54
074 犬も人を見れば尾を振る　개도 세 번만 보면 꼬리를 친다　55
075 命は義に縁《よ》りて軽し　사신취의의 정신　55
076 命は風前の灯の如し　목숨은 바람 앞의 등불과 같다　55
077 芋幹《いもがら》で足を突く　억새에 손가락(자지) 베었다　56
078 色の白いは七難隠す　살결이 희면 열 허물 가린다　56
079 「いろは」の「い」の字も知らぬ　'가갸' 뒷 자도 모른다　56
080 言わねば腹脹る　고기는 씹어야 맛이요 말은 해야 맛이다　57

う

081 上には上がある　기는 놈 위에 나는 놈 있다　60
082 魚心有れば水心　오는 정이 있어야 가는 정이 있다　60
083 嘘から出た誠　거짓말이 참말 되다　61
084 嘘つきは泥棒の始まり　거짓말은 도둑의 시초다　61
085 嘘をつけば舌を抜かれる　거짓말 한 입은 똥 먹는다　61
086 打たぬ鐘は鳴らぬ　아니땐 굴뚝에 연기 날까　62
087 歌物語の歌忘れ　장가들러 가는 놈이 불알 떼어 놓고 간다　62
088 腕まくりをして取りかかる　팔을 걷고 나서다　62
089 独活《うと》の大木《たいぼく》　키 크고 싱겁지 않은 사람 없다　62
090 鵜のまねする烏　뱁새가 황새를 따라가면 가랑이가 찢어진다　63
091 旨い物は小勢で食え、仕事は大勢でせよ　손이 많으면 일도 쉽다　63

092 馬には乗ってみよ、人には添うてみよ
물은 건너 보아야 알고 사람은 지내 보아야 안다 64
093 馬の耳に念仏 우이독경 64
094 海に千年山に千年 산전수전 다 겪었다 65
095 生みの親より育ての親 낳은 정 보다 기른 정 65
096 恨みに報ゆるに徳を以てす 원한을 갚을 때는 덕으로 갚는다 66
097 恨み骨髄に徹する 원한이 뼈에 사무치다 66
098 売り言葉に買い言葉 가는 말이 고와야 오는 말이 곱다 66
099 瓜のつるに茄子はならぬ 콩 심은 데 콩 나고 팥 심은 데 팥 난다 67
100 噂をすれば影がさす 호랑이도 제 말 하면 온다 67
101 うんともすんとも 달다 쓰다 말이 없다 67
102 運は天にあり 팔자 도망은 독 안에 들어도 못한다 68
103 運を天に任せる 운을 하늘에 맡기다 68

え

104 易者身の上知らず 중이 제 머리를 못 깎는다 69
105 江戸の仇を長崎で討つ 종로에서 뺨 맞고 한강에서 눈 흘긴다 69
106 絵に描いた餅 그림의 떡 69
107 えびで鯛《たい》を釣る 새우로 잉어를 낚는다 70
108 笑みの中の刀 웃음 속에 칼이 있다 70
109 炎にして付き寒にして棄つ 달면 삼키고 쓰면 뱉는다 71
110 遠慮ひだるし伊達寒し 몸 꼴 내다 얼어 죽는다 71

お

111 負うた子に教えられて浅《あさ》瀬《せ》を渡る
팔십 노인도 세살 먹은 아이에게 배울 게 있다 74
112 負うた子より抱いた子 팔이 안으로 굽는다 74
113 大きい薬《や》罐《かん》は沸きが遅い 대기만성 74
114 落ち武者は薄《すすき》の穂にも怖じる
자라 보고 놀란 가슴 소댕(솥뚜껑)보고 놀란다 75
115 男やもめにうじがわき、女やもめに花が咲く
홀아비는 이가 서말 과부는 은이 서 말 75
116 お腹と背中がくっつきそう 등과 배가 붙었다 76
117 鬼に金棒 범에게 날개 76
118 鬼の居ぬ間の洗濯 범 없는 골에는 토끼가 스승이다 76

か

き

く

け

こ

さ

238 逆立ちしても追いつけない
발을 벗고 따라가도 못 따르겠다 125
239 酒買って尻切られる 낯익은 도끼에 발등 찍힌다 125
240 酒と朝寝は貧乏の近道 술과 늦잠은 가난이다 125
241 酒は本心を現わす 취중에 진담 나온다 126
242 去る者は日々に疎し 눈이 멀면 마음도 멀어진다 126
243 三十六計逃げるにしかず 삼십육계에 줄행랑이 으뜸이다 127
244 山椒は小粒でもぴりりと辛い 작은 고추가 맵다 127
245 山中の賊を破るは易く心中の賊を破るは難し
산속에 있는 열 놈의 도둑은 잡아도 맘속에 있는 한 놈의 도둑도 못 잡는다 127

し

246 塩辛食おうと水を飲む
눈치가 빠르면 절에 가도 젓갈을 얻어 먹는다 128
247 地獄のさたも金次第 돈만 있으면 귀신도 부릴 수 있다 128
248 死者を鞭打つ 무죄한 놈 뺨 치기 129
249 死線を彷徨う 죽을 똥을 싸다 129
250 舌三寸の誤りより身を果たす 말이 씨가 된다 129
251 親しき仲にも礼儀あり 정들었다고 정담 말라 130
252 舌の剣は命を断つ 혀 아래 도끼 들었다 130
253 舌の根の乾かぬうち 침이 마르기 전에 130
254 舌を抜かれる 손에 장을 지지다 130
255 死中に活を求む 하늘이 무너져도 솟아 날 구멍이 있다 131
256 尻尾をつかむ 뒷다리를 잡다 131
257 死に別れより生き別れ 살아 생이별은 생초목에 불 붙는다 131
258 自分で自分の墓を掘る 제가 제 묘를 판다 132
259 自分の糞は臭くない 제 똥 구린 줄 모른다 132
260 杓子《しゃくし》で腹を切る 가지나무에 목을 맨다 132
261 蛇の道は蛇 과부 사정은 과부가 안다 133
262 十人十色 한날 한시에 난 손가락도 짧고 길다 133
263 十年一昔 십년이면 강산도 변한다 133
264 朱に交われば赤くなる 삼 밭에 쑥 134
265 正直の頭に神宿る
마음 한번 잘 먹으면 북두칠성이 굽어보신다 134

す

せ

323 爪に火をともす　이마를 뚫어도 피 한 방울 안 난다　158
324 面の皮千枚張り　뱃가죽이 땅 두께 같다　158
325 釣り落とした魚は大きい　놓친 고기가 더 크다　159

て

326 手《て》枷《かせ》足《あし》枷《かせ》　손발이 묶여서 움직일 수 없다　160
327 手癖が悪い　손이 검다　160
328 鉄は熱いうちに打て　쇠뿔도 단김에 빼라　160
329 鉄砲玉の使い　함흥차사　161
330 鉄面皮　얼굴이 꽹가리 같다　161
331 手に汗を握る　손에 땀을 쥐다　161
332 手に付かない　손에 잡히지 않는다　162
333 手に手を取る　두 손 맞잡고 앉다　162
334 手前味噌で塩が辛い　입찬 말은 묘 앞에 가서 하여라　162
335 手盛り八杯　목구멍의 때를 벗긴다　162
336 手を着ける　첫발을 내디디다　163
337 天高く馬肥ゆ　천고마비　163
338 天に向かって唾を吐く　누워서 침 뱉기　163
339 天は自ら助くる者を助く
마음을 잘 가지면 죽어도 좋은 귀신이 된다　164

と

340 灯台下暗し　등잔 밑이 어둡다　166
341 豆腐で歯を痛める　냉수에 이 부러진다　166
342 豆腐の角に頭ぶつけて死ね　송편으로 목을 따 죽지　166
343 遠くの親戚より近くの他人　먼 사촌보다 가까운 타인　167
344 毒を以って毒を制す　이열치열　167
345 心太《ところてん》に目鼻付けたような和郎　두부살에 뼈　168
346 年こそ薬なれ　세월이 약　168
347 年寄れば欲深し　늙은 말 콩 더 달란다　168
348 隣の花は赤い　남의 밥은 희다　169
349 鳶《とび》が鷹《たか》を生む　뱁새가 매를 낳는다　169
350 飛ぶ鳥の献立　김치국부터 마신다　169
351 飛ぶ鳥も落ちる　나는 새도 떨어뜨린다　170
352 とらぬ狸の皮算用　알 까기 전에 병아리 세지 말라　170

な

に

ぬ

ね

の

は

406 始めよければ終わりよし　시작이 나쁘면 끝도 나쁘다　195
407 箸も持たぬ乞食　불알 두 쪽만 댕그랑 댕그랑 한다　195
408 話に花が咲く　이야기 꽃이 피다　195
409 話半分腹八分　말은 반만 하고 배는 팔부만 채우랬다　196
410 鼻血も出ない　바늘로 찔러도 피 한 방울 안 난다　196
411 鼻であしらう　콧방귀를 뀌다　196
412 鼻と鼻とを突き合わせる　코와 코를 맞대다　196
413 花より団子　금강산도 식후경　197
414 鼻を折る　코가 납작해지다　197
415 鼻をつける　목에 새끼줄을 걸다　197
416 腹が黒い　뱃속이 검다　197
417 腹がへっては戦ができぬ　새남터를 나가도 먹어야 한다　198
418 腹時計　배꼽 시계　198
419 腸が煮えくり返る　오장이 뒤집히다　198
420 腹をよじって笑う　허리를 쥐고 웃다　198
421 針の穴から天井のぞく　우물 안 개구리　199
422 針のむしろ　시아버지 무릎에 앉은 것 같다　199
423 針を棒にとりなす　아이 자지가 크면 얼마나 클까　199
424 春のいなさは鉄通す　봄바람은 품으로 기어든다　199
425 歯を食いしばる　이를 악물다　200
426 犯罪の陰には必ず女あり　여편네 아니 걸린 살인 없다　200

ひ

427 髭《ひげ》の塵《ちり》をはらう　불알을 긁어주다　201
428 庇《ひさし》を貸《か》して母屋《おもや》を取られる　빚 주고 뺨 맞기　201
429 額に八の字をつくる　이마에 내 천 자를 쓰다　201
430 左団扇《ひだりうちわ》で暮らす　발바닥에 흙 안 묻히고 살다　201
431 左団扇に日酒を飲む　발바닥에 털 나겠다　202
432 人垢《ひとあか》は身につかない　때는 살이 되지 않는다　202
433 微動だにしない　눈도 깜짝 안 한다　202
434 一言以ってこれを蔽《おお》う　말 한마디에 천 냥 빚도 갚는다　203
435 一つを見れば十を知る　하나를 보면 열을 안다　203
436 人の噂は倍になる　말은 보태고 떡은 뗀다　203
437 人は見かけによらぬもの　까마귀 겉 검다고 속 조차 검을소냐　204
438 人を呪えば穴二つ　남 잡이가 제 잡이　204

ふ

へ

む

め

529 目と鼻の間　눈과 코 사이　241
530 目に入れても痛くない　눈에 넣어도 아프지 않다　241
531 目に角を立てる　눈에 모를 세우다　242
532 目には目を、歯には歯を　눈에는 눈, 이에는 이　242
533 目の上の瘤《こぶ》　눈엣 가시　242
534 目の黒い内　눈에 흙이 들어가기 전　242
535 目は口ほどに物をいう　눈은 입만큼 말한다　243
536 目は心の鏡　눈은 마음의 거울　243
537 目は節穴《ふしあな》か　가죽이 모자라서 눈을 냈는가　243
538 目を皿のようにする　눈이 등잔만 하다　244
539 目を細める　눈을 가늘게 뜬다　244
540 雌鶏時を告ぐる　암탉이 울면 집안이 망한다　244

も

541 孟《もう》母《ぼ》三遷《さんせん》の教え　맹모삼천지교　246
542 餅より餡が高くつく　발보다 발가락이 더 크다　246
543 本《もと》木《き》にまさる末木なし　구관이 명관이다　246
544 物は言い残せ、菜は食い残せ
말은 할수록 늘고 되질은 할수록 준다　247
545 物は言いよう　말 잘하고 징역 가랴　247
546 門前の小僧、習わぬ経を読む　서당개 삼년이면 풍월을 읽는다　248

や

547 やきもきする　간장을 태우다　249
548 焼け石に水　언 발에 오줌 누기　249
549 安物買いの銭失い　싼 게 비지떡　249
550 やせ馬の先走り　이른 새끼가 살 안 찐다　250
551 柳腰《やなぎごし》　버드나무 허리　250
552 藪《やぶ》をつついて蛇を出す　긁어 부스럼　250
553 病は気から　물에 빠져도 정신을 차리면 산다　250

ゆ

554 雄弁は銀、沈黙は金　말 많은 집은 장맛도 쓰다　252
555 行きがけの駄賃
도적이 돈을 빼앗지 못하면 주인 뺨이라도 때리고 뛴다　252

よ

ら

り

る

ろ

わ

● 韓国ことわざ由来 ●

あ

001

㊐ **開いた口が塞がらない**　열린 입이 닫혀지지 않는다

㊫ **입을 딱 벌리다**　口をぽかんと開ける

意味　相手の態度や行為にあきれかえったり、あっけにとられたりして、ものも言えない。

解釈 ㊐「耳がふさがる」ともいう。

解釈 ㊫ 日本と同じ。

002

㊐ **相手の顔色を伺う**　상대방의 안색을 살핀다

㊫ **눈치를 보다**　目の表情を見る

意味　顔の表情から相手の心理を推し測る。

003

㊐ **相手の無い喧嘩はできない**　상대없는 싸움은 못한다

㊫ **두 손뼉이 마주쳐야 소리가 난다**　両掌が合ってこそ音が出る

意味　相手になる人がいなくてはものごとを成し遂げない。

解釈 ㊐ 喧嘩する相手がいなくては喧嘩にならない。このことから喧嘩をふっかけてきそうな人には「はじめから相手になるな」という戒めのことばとして使われる。「相手いなければ訴訟なし」ともいう。

解釈 ㊫ 何か仕事を一緒にする以上、互いに手と気が合わなくては事をうまく進められないということのたとえ。

004

㊐ **会うは別れの始め**　만남은 이별의 시초

㊙ **만나자 이별**　会えば離別

意味　人に会うことは別れの始まりである。

解釈 ㊐　会えば別れの時がくる、会った人とは必ずいつか別れるものだ。会者定離ということばがあるが、これも会うものは必ず離れる定めにあるという意味で、仏教では人生の無常を説いたことばである。また、さびしい別れがあれば嬉しい出会いがめぐってくる意味としても使われる。「会うは別れの基」ともいう。

解釈 ㊙　会えば別れるときが必ず来るということから、日本と同じ意味になる。

005

㊐ **青菜に塩**　푸성귀에 소금

㊙ **서리 맞은 구렁이**　霜に打たれた青大将

意味　急に元気がなくなって、しょんぼりしている。

解釈 ㊐　青菜に塩を振りかけると、水気が抜けてしおれ、新鮮味がなくなってしまう。「昼間の梟《ふくろう》」、「霜夜の鶴」ともいう。

解釈 ㊙　霜が下りるようになると、寒さが一段と厳しくなり、あらゆる動物の働きが鈍くなる。青大将も同じように寒さに弱く、動作が緩慢になって、生気を失い活気がなくなる。まさしくしおれた状態になってしまう。「시든 배추잎 같다　しなびた白菜の葉っぱのようだ」、「새벽 호랑이　夜明けの虎」、「주먹 맞은 감투　拳骨に殴られた官職」ともいう。

006

㊐ **青びょうたん**　덜 익은 표주박

㊙ **도둑놈 볼기짝 같다**　泥棒の尻べたのようだ

意味　顔色が人間並みではなく、異状な色を帯びているさま。

解釈 ㊐ 未熟な青い瓢箪。転じて、顔色の青ざめた人を嘲っていう。

解釈 ㊙ 泥棒が奉行所に捕まって尻を叩かれて痣ができたように、顔色がどす黒い人を冗談めかしていうことば。

007

㊐ **赤子の腕をひねる**　어린아이 팔을 비튼다

㊙ **어린아이 팔 꺾은 것 같다**　子供の腕を折ったようだ。

意味　なんの苦労も要らず、容易にできることのたとえ。

解釈 ㊐ 苦労せずらくらく出来て、自分の力を誇示する場合や、相手を立てていう場合などに使う。「赤子の手をひねる」ともいう。

解釈 ㊙ 残忍で残酷な行動を比喩的にいうことば。非常に容易なことを比喩的にいうことば。「주먹으로 물 치기　拳骨で水を切る」ともいう。

008

㊐ **赤子の手をひねるよう**　갓난아기의 손을 비틀 듯

㊙ **손바닥을 뒤집는 것처럼 쉽다**　掌をひっくり返すように易しい

意味　特殊な技や能力を要しない。簡単にできる。事の容易さをたとえることば。

009

㊐ **空樽《あきだる》は音が高い**　빈 통은 소리가 크다

㊙ **빈 수레가 더 요란하다**　空車はいっそう騒がしい

意味　中身のない軽薄な人に限って騒ぎ立てるということ。

解釈 ㊐ 空っぽの樽をたたくと軽々しい高い音を出すように、中身のない人はよくしゃべるということ。「浅瀬に仇浪」、「痩せ犬は吠える」、「能無し犬は昼吠える」ともいう。

解釈 ㊙韓 荷物を積んでいない荷馬車の音はからからと大きな音がして騒がしいように、物事に精通した人は黙っているけれども、よく知らない軽薄なものは知ったかぶりをして騒ぎ立てるという意。或いは、貧しいものが金持ちのように見栄を張るということ。

010		
	日 **悪事千里を走る**	나쁜 일은 천리를 달린다
	韓 **발 없는 말이 천리를 간다**	足のない言葉が千里を行く

意味 悪い行いは隠してもすぐに世間に知れ渡る。

解釈 日 悪いことは足がついていないのにもかかわらず、千里というはるかに遠いところまで広がる。「ささやき八丁」、「ささやき千里」、「こそこそ三里」ともいう。

解釈 韓 ことばも馬も韓国語では、「マル」と言う。ことばには足がついていないのに、千里も走っていくとは「風聞伝説」の速いことを馬の速さにかけている。悪い事をすると、そのことに関するそのひそひそ話は、足がついていないのにまたたくまにはるか遠いところまで広がってしまう。ことばは慎まなければならないことをたとえている。「한번 한 말은 어디든지 간다 一度放ったことばはどこにでも行く」ともいう。

011		
	日 **悪人は我が造りしものに捕えられる**	악인은 자기행동으로 잡힌다
	韓 **제게서 나온 말이 다시 제게 돌아간다**	自分から出たことばがまた自分に戻る

意味 自分が行った悪事(日本)やことば(韓国)は、後になって自分に害を与えることとなる。

解釈 日 悪人は、人を陥れようとたくらんだ悪事によって、みずから身を滅ぼすことになるということ。

解釈 ㊕ ことばというのは一回出すと、限りなく動き、内容が加えられて結局、自分に有害となって返って来るということで、ことば使いに用心しろとの戒めの意味。

012

㊐ **欠伸《あくび》をかみ殺す**　하품을 물어 죽인다

㊕ **하품을 참다**　欠伸を我慢する

意味　出かかった欠伸を無理にとめることや、退屈なことを我慢するときにいうことば。

013

㊐ **顎《あご》が干《ひ》上《あ》がる**　턱이 말라 붙다

㊕ **목에 거미줄 치다**　喉に蜘蛛の巣を張る

意味　生計の道を失って食えなくなる。

解釈 ㊐「口が干上がる」ともいう。

解釈 ㊕ のどにとおるものがないため、蜘蛛が巣を張られるほど、食べ物がないということ。

014

㊐ **朝飯前のお茶の子さいさい**　아침 밥 먹기 전의 과자

㊕ **식은 죽 먹기**　冷や粥食い

意味　楽にできること。簡単にできること。

解釈 ㊐ たいした仕事もしない朝飯前に、軽いお菓子などを食べる。「お茶の子」はお茶菓子のこと。「お茶の子さいさい」、「朝飯前」ともいう。

解釈 ㊕ 粥というものは水が多く、米を柔らかく炊いてあるために、芯がなくて、わざわざかまなくても食べられる。その上に、熱さのない粥になると、まさにするすると食べやすくなる。「누워서 떡 먹기　寝そべって餅食い」、「땅 짚고 헤엄치기　地

に手ついて泳ぐこと」、「손 안 대고 코 풀기　手をつけず鼻をかむこと」ともいう。

015

日 **足が地に付かない**　발이 땅에 닿지 않는다

韓 **발이 땅에 닿지 않는다**　足が地に付かない

意味　大変うれしくて、心が興奮して落ち着かないさま。

016

日 **味ない物の煮え肥り**　맛 없는 것이 익으면 양까지 많아진다

韓 **국수 먹은 배**　素麺を食べた腹

意味　つまらないものほど、量が多い。

解釈 日　内容が薄くて無駄だという意味。「独活の煮え肥り」ともいう。

解釈 韓　日本と同じ。

017

日 **足元から鳥が立つ**　발밑에서 새가 난다

韓 **발등에 불이 떨어졌다**　足の甲に火が落ちた

意味　急いで物事を始める。

解釈 日　身近なところで突然、意外な事件が起こること。また、急に思いついて物事を始めることにも言う。「足下から煙が出る」ともいう。

解釈 韓　足の甲に火が落ちると、誰でもびっくりして騒ぎ立てたり跳びあがるものである。突然起きた事件や仕事からどうしても避けられなくて、追われているときのたとえ。

018

日 **足元にも及ばない**　발밑에도 미치지 않는다

韓 **발뒤꿈치도 따를 수 없다**　かかとにも及ばない。

意味　すぐれたものに比べて、こちらが極端に劣っている。相手があまりにも優れて自分とはとても比較にならないさま。

019

㊐ **足元の火を消す**　발밑의 불을 끄다

㊗ **발등의 불을 끄다**　足の甲の火を消す。

意味　目の前の急なことを先に処理する。

020

㊐ **足を引っ張られる**　발을 잡아당기다

㊗ **닫는 데 발 내민다**　閉じるのに足を突き出す。

意味　仕事に熱中しているのに邪魔するということば。

解釈 ㊐ 他人の成功や昇進を妨げるような行動をするという意。

解釈 ㊗ ドアを閉じる瞬間に足を突き出して妨害を与えるということから、他人が一所懸命に取り組んでいることを邪魔するということば。

021

㊐ **足を震わすと幸せが逃げ出る**　발을 떨면 복이 나간다

㊗ **발을 떨면 복이 나간다**　足を震わすと幸せが逃げ出る

意味　足を震わせるとせっかくの幸運が逃げ出るという意。

解釈 ㊐ 貧乏ゆすりをすると周囲の人にも悪い印象を与えることから生じたことば。

解釈 ㊗ 漢医学の説による、気血循環がよくないと足が震えるということや、外見が見苦しいことから生まれた。

022

㊐ **足を踏み入れる隙間もない**　발 디딜 틈도 없다

㊙ **발 디딜 틈도 없다**　足を踏み入れる隙間もない

意味　ひどく散らかって、足を踏み入れる隙間もないさま。

023

㊐ **明日は明日の風が吹く**　내일은 내일의 바람이 분다

㊙ **내일 걱정을 하지 말라**　明日の心配をするな

意味　明日のことは明日の運命に任せる。

解釈 ㊐　明日のことを心配しても仕方がない、なるようにしかならない。明日になれば、またどんな事が起こるかは予測できない。くよくよ心配してみても始まらない。「明日は明日の神が守る」ともいう。

解釈 ㊙　まだ明日にもなっていないのに、明日のことで頭がいっぱいになって心配ばかりしたって、どうしょうもない。取り越し苦労をせず、その事に当たってから心配すればいいということ。

024

㊐ **東男《あずまおとこ》に京女《きょうおんな》**　남자는 에도 여자는 교토

㊙ **남남북녀**　南男北女

意味　男と女の取り合わせ。

解釈 ㊐　男を選ぶなら元気がよくて粋な江戸の男、女を選ぶならしとやかで優しい京都の女という。男女のよい組み合わせの意。

解釈 ㊙　概して全羅道の男の容貌は男らしくて美男子が多く、平安北道の女性には美人が多いと言われる。天候の影響から南の男性は、色が黒くて活動的なので男らしく、北の女性は色が白くて、おしとやかなので女らしさがあるというところから発生した。

025

㊐ **頭隠して尻隠さず**　머리감추고 엉덩이 감추지 않는다

㊙ **꿩은 머리만 풀에 감춘다**　キジは頭ばかりが草隠れ

意味　悪事や欠点の一部を隠して、全部を隠したつもりでいること。

解釈 ㊐ 悪事や欠点の一部を隠して、全部を隠したつもりでいる愚かさをあざけって人を騙そうとする意。

解釈 ㊙ キジが草むらの中に首だけを隠して、尾の出ていることに気づかない様子から、悪事や短所の一部だけを隠して全体を隠したつもりでいること。

026

㊐ **頭剃るより心を剃れ**　머리깎기보다 마음을 깎아라

㊙ **마음잡아 개장사**　心を入れかえて犬商売。

意味　外面より内面にある心の持ち方が肝心である。

解釈 ㊐ 頭を剃って僧の姿になるよりも、精神の修養をすることの方が大切だ。「外見よりは中身を整う」、「仏造って魂入れず」ともいう。

解釈 ㊙ 放蕩だった人が心を入れ変えて生業をしようとしても、長続きできない犬商売にとどまるので結局無駄だということ。

027

㊐ **頭でっかち尻つぼみ**　머리 유난히 크고 엉덩이 작다

㊙ **왼발 구르고 침 뱉는다**　左足を踏み鳴らしてから唾液を吐く。

意味　事を成すにおいて、初めは勢いがいいが、終わりは衰えることで、始めは積極的に乗り出すが、まもなく身を引く人のこと。

解釈 ㊐ 「竜頭蛇尾」、「頭でっかち尻すぼり」ともいう。

解釈 (韓)「용두사미　竜頭蛇尾」ともいう。

028

(日) **頭の上の蠅《はえ》も追えない**　머리 위의 파리도 쫓지 못한다

(韓) **머리 위의 파리도 쫓지 못한다**　頭の上の蠅も追えない

意味　自分のことを自分で解決することができないとの意

029

(日) **頭の黒いねずみ。**　머리 검은 쥐

(韓) **머리 검은 고양이 귀치 말라**　頭の黒いねこを可愛がるな

意味　頭髪の黒い人間を日本ではねずみに、韓国ではねこになぞらえてその家のものを盗んだり、害を与えたりする人のことをたとえていうことば。

030

(日) **頭禿《は》げても浮気は止まぬ**　머리가 벗겨져도 바람기는 그치지 않는다

(韓) **늦 바람이 곱새 벗긴다**　老いの浮気が屋根葺きを剥がす

意味　浮気をする人は年をとっても直らない。

解釈 (日) 人間は年をとって体力的、肉体的に弱ってきても、浮気や道楽は止まらないということ。「頭禿げても」は年を取ってもの比喩表現である。「雀百まで踊り忘れぬ」ともいう。

解釈 (韓) 年とって道楽に走ると、なかなか止められず手に負えない状態になって、財産を使い果たしてしまうということ。葺いた屋根を剥ぎ取って住めなくなるように、何もかも失うこと。「늦 바람이 용마름을 벗긴다　老い道楽が龍馬を潰す」ともいう。

031

(日) **後薬《あとくすり》**　때 늦은 약

(韓) **성복 후에 약방문**　成服の後に薬方文

意味　済んでしまって後から処置しても役に立たないこと。

解釈 日　病人が死んでから後の薬のこと。「後の祭」ともいう。

解釈 韓　成服とは日本で言えば喪服に当たり、喪服は死んだ後のことなので、人が亡くなってから薬の処方箋を書いてもらっても、すでに遅い。これから始めてもなんの役にも立たず無駄事であること。「사후의 청심환　死後の清心丸」、「사후의 약방문　死後の薬方文」、「행차 뒤에 나팔　行列後のラッパ」ともいう。

032

日 **後の雁《かり》が先になる**　뒤의 기러기가 앞지른다

韓 **뒤에 난 뿔이 우뚝하다**　後に生えた角が大きい

意味　後輩や若者が先輩や年配者より、優れていて立派であるという意。

解釈 日　列をつくって飛びながら、後のほうの雁が前に出るようすから、地位や学問などで、後ろをとっていたものが先をゆく仲間を追い越したり、後輩が先輩をしのいだりすることのたとえ。「後の舟かえって先になる」ともいう。

解釈 韓　日本と同じ「먼저 난 머리카락보다 뒤에 난 뿔이 무섭다　先に生えた髪の毛より後に生えた角が怖い」、「뒤에 심은 나무가 우뚝하다　後に植えた木が大きい」ともいう。

033

日 **穴があったら入りたい**　구멍이 있으면 들어가고 싶다

韓 **쥐구멍을 찾다**　ねずみ穴を探す

意味　あまりにも恥ずかしくて身の置き所に困る。

解釈 日　失敗などで大きく恥をかいた時、非常に恥ずかしくて身の置き所に困る。「ねずみ穴を探す」ともいう。

解釈 韓　日本と同じ。「구멍이 있으면 들어가고 싶다　穴があったら入りたい」ともいう。

034

㊐ **痘痕《あばた》も笑窪《えくぼ》**　곰보도 보조개

㊙ **제 눈에 안경**　自分の目にあう眼鏡

意味　好きになると、相手の欠点も欠点とは見えず、長所のように見えるものだ。

解釈 ㊐ 思いやりの気持ちがお互いに通じて好きになると、相手のあばたでも笑くぼのように見える意。また、ひいきめで見れば醜いものも美しく見える意にもいう。

解釈 ㊙ 自分の目にあう眼鏡 (形のない物を見分ける眼鏡) をかけて相手を見ると、相手の欠点が欠点に見えず、長所のように見えるもので、恋する人たちのようすを見ていうことばである。「정들면 미운 사람도 고와 보인다　情が染まると憎い人でも愛しく見える」、「눈에 콩깍지가 씌다　目に豆のさやが被される」ともいう。

035

㊐ **あぶく銭**　뜨는 돈

㊙ **눈먼 돈**　盲目の金

意味　持ち主のない金や思いがけない不労所得のこと。

036

㊐ **阿呆に付ける薬無し**　바보에게 바를 약은 없다

㊙ **바보는 약으로 못 고친다**　阿呆は薬では治らぬ

意味　愚かな者は治る方法がない。

解釈 ㊐ 体の病気で悩んでいるものには薬を使って治すことができるが、愚かな者を治すには、薬も方法もない。

解釈 ㊙ 愚か者を正常にする薬はないということから、日本の「阿呆に付ける薬無し」と同じ意になる。

037

㊐ **甘い物は別腹**　단 음식은 다른 배

㊕ **옆구리에 섬 찼나**　横腹に島を付けたか。

意味　普段食べる一定の量を超えて大量に食べること。

解釈 ㊐ 食事で腹いっぱいになっているのに、デザートなどの自分の好きなものをさらに食べる。

解釈 ㊕ 食べ物を消化するお腹の腸器官以外にまた別のものがあるかのように、たくさんの量を食べる人を冷やかして言うことば。

038

㊐ **雨《あま》垂《だ》れ石《いし》を穿《うが》つ**　빗물 떨어져 돌에 구멍 뚫다

㊕ **작년에 고인 눈물 금년에 떨어진다**　昨年積もった涙が今年に落ちる

解釈 ㊐ 石に落ち続ける雨垂れが、その石に穴をあけてしまう。微力でも根気よく続けてやれば、ついには成功するというたとえ。

解釈 ㊕ あることの効果が長い時間が経過した後で現れることのたとえ。

039

㊐ **雨降って地固まる**　비 온 뒤에 땅이 굳어진다

㊕ **매 끝에 정 든다**　鞭で打った後に情が沸く

意味　困難なことや悪いことがあった場合、その試練に耐えることによって、かえってよい状態になる。

解釈 ㊐ 雨が降ると地面が固まるように、ある状態が生じるとよい方向に転ずるということ。「諍い果てての契り」ともいう。

解釈 ㊕ 愛の鞭は打たれる人にとっては痛くて辛いが、自分のための行為だと思うようになった時、打たれたり、叱られたりすることがよりいっそう情のある親しい間柄になるという。「비 온 뒤에 땅이 굳어진다　雨降ったあとで地固まる」ともいう。

040

㊐ **蟻の這出《はいで》る隙《すき》もない**　개미새끼 하나 기어나갈 틈이 없다

㊙ **물 샐 틈도 없다**　水の漏れる隙もない

意味　警備が厳重で逃れ出る余地のない状態。

解釈 ㊐ 蟻は、欲しいものを手に入れるためには、どんな障害物があっても、小さな隙間を見つけて入り込む習性を持っている。その蟻でさえも通り抜ける隙間もないということ。「水も漏らさぬ」、「ありも通さぬ」ともいう。

解釈 ㊙ 水はどんな小さな穴があっても出てくるもので、隙間があるかどうかを確認する時に水を用いる。水が漏らないように、わずかな隙間もないこと。「물 부어도 샐 틈 없다　水を注いでも漏る隙がない」ともいう。

041

㊐ **合せる顔がない**　마주 대할 낯이 없다

㊙ **볼 낯이 없다**　見る顔がない

意味　面目がなくて、その人に会うのがつらい。申しわけがたたないこと。

042

㊐ **鮑《あわび》の貝の片思い**　전복 껍데기의 짝사랑

㊙ **외기러기 짝사랑**　孤雁《こがん》の片思い

意味　自分が思うだけで相手は思ってくれない片恋。

解釈 ㊐ 鮑は二枚貝のように見えるが巻き貝の一種で、貝殻が片側しかない。自分が思うだけで相手は思ってくれない片恋を片貝にたとえている。「磯の鮑の片思い」ともいう。

解釈 ㊙ 雁《かり》といえば愛情の深くて睦まじい夫婦にたとえ、一回結婚したら別れることなく、片方が亡くなっても二度と結婚しない鳥として知られている。連れのない雁が相手をひたすら思い続けていることを片思いをしている人にたとえている。

043

㊐ **案ずるより産むが易し**　걱정하느니 낳는 게 낫다

㊙ **앓느니 죽는 게 낫다**　病むより死ぬが易し

意味　あまり取り越し苦労をしなくてもいいという意。

解釈 ㊐ 始めない前からあれこれ悩まずに、やってみれば案外うまくいくものだ。

解釈 ㊙ 病むときの辛さを忍ぶよりは、かえって死んですべてを感じない方がいい。

껍질 없는 털이 있을까
ー皮のない毛はないー

ある日、中国の魏国の王様の文侯が遊覧していると、羊皮の上着を着て両肩に木の荷物を背負った田舎者に出会った。

（当時の平民らの習慣で羊皮の上着を着る時には、毛が表側になるように着たのだが）その人は逆に毛が内に入るように着ていたので、文侯は変に思って尋ねた。

「あなたはなぜ革衣を裏返して着ているの？」その人は答えた。

「小人は羊の毛を大事にしているので、木によって毛が擦り切れるのが心配だからです」文侯は笑いながら彼に説いて聞かせた。

「皮のない毛はないもので、毛は皮に付いていることを知らないのか？皮がぼろくなって落ちれば羊の毛も共に落ちてしまうのに、その毛をどう保存するのか？」

い

044

㊐ **言い出しこき出し笑い出し**　구리다는 자가 방귀 뀐 자

㊫ **구리다는 자가 방귀 뀐 자**　くさいと言い出した者が屁をした者

意味　くさいと言い出した者が実は屁をした本人であって、世間のうわさ話も言い出した人が作り出した場合が多いというたとえ。

045

㊐ **いいようにする**　좋을 대로 하다

㊫ **귀에 걸면 귀걸이, 코에 걸면 코걸이**　耳に付ければイヤリング、鼻に付ければ鼻リング

意味　物事は見る人の観点により、様々に認識されるとの意。

解釈 ㊐　自分の思うように振舞う。適当に物事を処理すること。

解釈 ㊫　日本と同じ。

046

㊐ **言うだけ野暮**　말하는 만큼 촌스러움

㊫ **말할 것 없다**　話すことはない

意味　改めて説明したり、言い訳したりする必要はない。

解釈 ㊐　口に出して言う必要がない。言えば味もそっけもなくなりつまらないということ。「いうに足らず」、「いうに及ばず」、「いうまでもない」ともいう。

解釈 ㊫　日本と同じ。「ふたことばいうことはない」、「두 말할 것 없다 二言いうことはない」ともいう。

047

㊐ **言うは易く行うは難し**　말하기는 쉽고 행하기는 어렵다

㊙ **말하기는 쉬우나 행하기는 어렵다**　言うは易く 実行することは難しい

意味　口で言うのはたやすいが、それを実行するのは難しいことである。

解釈 ㊐　口先だけならどんなことでも言える。しかし、物事を言ったとおりに実行することは難しいことである。これとは反対に不言実行 (ものを言わないけれども実行する) ということばもある。

解釈 ㊙　日本と同じ。

048

㊐ **家貧しくして孝子顕《あらわ》る**　집 가난해서 효자 드러난다

㊙ **눈먼 자식이 효자 노릇 한다**　目の見えない子が 親孝行する

意味　人は逆境のときこそ、その真価があらわれて認められるという意。

解釈 ㊐　家が貧しいほど親孝行な子供の善行がはっきりと人に知られるようになる。

解釈 ㊙　期待もしなかった目の見えない子が親孝行するように、普段は考えもしなかった人から、恩恵を受けることのたとえ。

049

㊐ **怒り心頭に発する**　화가 마음속에서 발한다

㊙ **화가 머리 끝까지 난다**　怒りが頭の末まで発する

意味　心底から激しく怒る。

解釈 ㊐　心頭は心の中という意味で、怒りが激しく込み上げること。

解釈 (韓) 怒りが体の先である頭の末まで発生するということで、怒りが全身に込みあげるとの意。

050

(日) **生き馬の目を抜く**　살아 있는 말의 눈을 뺀다

(韓) **눈 감으면 코 베어 간다**　目をつぶれば鼻を千切る

意味　利を得るのにずるくて抜け目なく油断がならないこと。

解釈 (日) 生きている馬の目を抜き取るほど、ずるくしかもすばやくことをするさま。大都会は生き馬の目を抜くようなところだと言う。「生き牛の目を抜く」ともいう。

解釈 (韓) 目をつぶっていると何も見えない。それにつけいって鼻を切り取られるというように油断もすきもないことをいう。世の中はとても厳しくて気をゆるすことができないことをいう。「눈뜨고 도둑맞는다　目を開けて盗まれる」ともいう。

051

(日) **意気天を衝く**　의기가 천을 찌르다

(韓) **의기충천**　意気衝天

意味　意気込みや気概が非常に盛り上がった状態のたとえ。

052

(日) **生き身に餌食《えじき》**　산 몸에 먹이

(韓) **산 입에 거미줄 치랴**　生きているものの口に蜘蛛《くも》糸《いと》が張ろうか

意味　生きている間は何とかして食べていけるようになる。

解釈 (日) 誰もがそれぞれ何かしら食べる手だてを備えているものである。「生き虫に餌絶えず」、「口あれば食って通る肩あれば着て通る」ともいう。

解釈 (韓) 蜘蛛は糸を張って黙っていても、先方から餌になる生きた虫が飛んでくる。生きている人間が何も食えずに飢えることはない。人間はどこへ行っても、何とか食べていけるようになるということ。

053

㊐ **息もできない**　숨을 쉴 수 없다

㊗ **사족을 못 쓰다**　四足を使えない

意味　何かに相当、魅せられる。

解釈 ㊐ 何かに心を奪われて、息もできないほどになる。

解釈 ㊗ 何かに心を奪われて、手と足を使えないほどになる。

054

㊐ **意《い》気《き》揚々《ようよう》**　의기양양

㊗ **의기양양**　意気揚々

意味　得意そうに誇りに満ちたようすで振舞うこと。

055

㊐ **意気揚々となる**　의기양양하다

㊗ **엉덩잇 바람이 나다**　尻から風が吹く

意味　よい出来事で気分がのり、威勢よく振舞うさま。

056

㊐ **石橋《いしばし》を叩いて渡る**　돌다리를 두드려 보고 건넌다

㊗ **냉수도 불어 먹겠다**　冷水も吹いて飲む

意味　きわめて慎重に事を行うこと。用心の上にも用心すること。

解釈 ㊐ 丈夫に見える石橋でも、もしかしたら崩落するかもしれないということから、叩いてその安全を確かめて渡る。「念には念を入れる」ともいう。

解釈 (韓) 冷たい水が熱いわけがないのに、やけどするかと恐れて息を吹きかけ、さましてから飲むこと。用心深い人に対して、からかっていうことば。「돌다리도 두드려보고 건너라　石橋も叩いてみて渡れ」ともいう。

057

(日) **医者《いしゃ》の自脈《じみゃく》ききめなし**　의사의 자기 진맥 효험 없다

(韓) **의사가 제 병 못 고친다**　医者が自分の病治せぬ

意味　自分のことを自分では処理できないこと。

解釈 (日) 医者は人の病気はよく治してやるのに、自分の病気になると治療に迷うものだ。「良医の子は病気で死ぬ」ともいう。

解釈 (韓) 日本と同じ。「중이 제 머리를 못 깎는다　坊主が自分の頭髪を刈れぬ」、「도끼가 제 자루 못 찍는다　斧が自分の柄を伐れぬ」ともいう。

058

(日) **医者の不養生**　의사의 불양생

(韓) **의사가 제 병 못 고친다**　医師が自分の病気を直すことができない

意味　専門家は他人のためばかり忙しくて、自分のことは構っていられないことのたとえ。

解釈 (日) 人には健康に注意するようにやかましくいう医者が、自分の健康には注意しないこと。

解釈 (韓) 人の病気は懸命に治療しながら、自分の病気には気がつかずにかまわないとのこと。

059

(日) **衣食足りて礼節を知る**　의식이 족해야 예절 차린다

(韓) **광에서 인심 난다**　倉庫で人情が生まれる

意味　食べて生きる程の経済的な余裕があってこそ、人としての道理も生まれるという意。

解釈 ㊐ 食べ物や着物などがある程度あり、生活に困ることがなくなって初めて人は礼儀に心を向ける余裕ができるとのこと。

解釈 ㊙ 日本と同じ。「수염이 석자라도 먹어야 양반이다　髭が三尺でも食べてこそ両班 (貴族) だ」ともいう。

060

㊐ **以心伝心**　이심전심

㊙ **이심전심**　以心伝心

意味　口に出して言わなくても互いの考えや気持ちが自然に通じ合うこと。

061

㊐ **異性に目覚める**　이성에 눈을 뜨다

㊙ **이성에 눈을 뜨다**　異性に目覚める

意味　異性に対して関心が芽生える。

062

㊐ **痛い上の針**　아픈 곳에 바늘

㊙ **대가리 덜 곪은 부스럼에 아니 나는 고름 짜듯**　頭のまだ完全に化膿していないおできに、出ない膿を絞るように

解釈 ㊐ 痛いところにさらに針を刺す。災難の上に災難が重なること。「痛い上に塩を塗る」ともいう。

解釈 ㊙ まだ化膿していないできものをむりやりにして膿を出そうと絞り込むと、その痛さのあまり、ひどく顔をしかめるさま。

063

㊐ **至れり尽せり**　더할 나위 없음

㊙ **간이라도 빼어(뽑아) 먹이겠다**　肝でも引き出して食べさせるようだ

意味　自分にとって大事なものをあげても惜しくない程とても親切に振舞うさま。

064

㊐ **一難去ってまた一難**　일난 지나면 또 일난

㊙ **산 넘어 산이라**　山越え山

意味　苦労が絶えることなく連続して起こること。

解釈 ㊐　一つの災難を何とか切り抜けてほっとした途端、また別の災難が襲ってくる時の困惑をいう。「追っ手を防げば搦《から》め手へ回る」ともいう。

解釈 ㊙　深い山を苦労しながら越えてほっとしたと思ったら、また目の前に山があって、越えなくてはならないということで苦労の連続するときに使う。「갈수록 태산이라　泰山越え泰山」ともいう。

065

㊐ **一日千秋の思い**　하루가 천년 같은 느낌

㊙ **일각이 삼추 같다**　一刻が三秋の如し

意味　時のたつのがいやに遅いように感ずること。待ち遠しく思うこと。

解釈 ㊐　一日会わなければ、千年も会わないような切ない気がする。少しでも早く会いたいという気持ちを述べたもの。「一日三千の思い」、「待つ身は長い」ともいう。

解釈 ㊙　時の流れの一瞬間が、まるで三年の長い年月のような思いがする。「일일여삼추　一日如三秋」ともいう。

066

日	**一弁狂えば七弁狂う**	일변 잘못하면 일곱변까지 잘못된다
韓	**머리에 부은 물은 발꿈치까지 내려간다**	頭に注いだ水はかかとまで流れて行く

意味　上の人が失敗すると、その被害が下の人にまで及ぶということば。

解釈 日　弁官は七人あるが、そのうちの一人の転任補任の順序を乱すと、全体の順序が乱れてしまうということ。

解釈 韓　体の一番上部である頭に水を注ぐと、その水は自然に下に流れて最下部であるかかとまで濡れてしまう。これと同じように上の人の失敗や過ちも下の人にまで影響を与えるとの意。

067

日	**一寸の虫にも五分の魂**	한 치 벌레에도 오 푼의 혼
韓	**지렁이도 밟으면 꿈틀한다**	みみずも踏めばびくっとうごめく

意味　どんなに小さく弱いものでも、それ相当の思慮や根性や誇りを持っているので、小さいからといって、あなどってはいけない。

解釈 日　わずか一寸ほどの小さな虫でも、五分(一寸の半分)という体に似合わず大きな魂を持っている。

解釈 韓　取りたてていうほどのものではないと思っているみみずであっても、踏まれた時にはじっとせずに反応を見せるということから、とてもおとなしくて、身分や地位が低く卑しい人であっても、ひどく見下げられると、我慢するのにも限界があり、おとなしく黙ってはいないという意味のたとえ。

068

日	**一石二鳥**	일석이조
韓	**꿩도 먹고 알도 먹는다**	雉《きじ》も食べ、その卵も食べる

意味　一つの行為をすることによって、同時に二つの利益を得ること。効果をあげること。

解釈 (日) 一つの石を投げて、二羽の鳥を同時に打ち落とすこと。「一つを放って二つを得る」、「一挙両得」、「飛車取り王手」ともいう。

解釈 (韓) 昔、韓国の一般的な獲物といえば雉であった。雉の肉は、とても柔らかくておいしい。そのおいしい肉を食べるだけでも嬉しいことなのに、狩った雉のお腹に卵まで入っていたら、一回で二つの獲物が得られて幸運に恵まれることになる。一石二鳥と同じ意味になる。「임도 만나고 뽕도 딴다　恋人にも会い、くわの実をも摘む」、「일거양득　一挙両得」、「일석이조　一石二鳥」、「배 먹고 이 닦기　梨を食べて歯を磨く」ともいう。

069

(日) **一飯《いっぱん》の報い**　　한 끼의 식사의 보답

(韓) **머리털을 베어 신발을 삼다**　　髪の毛を切って履物を作る

意味　受けた恩は返す。

解釈 (日) 一食をおごってもらうというわずかな親切であってもその恩を忘れずに、いつかは必ず恩返しをするとの意。

解釈 (韓) 髪の毛を使って履物を作って与えたいほど、どんな手段を使っても、自分が受けた恩恵は忘れないで返すということ。「머리 뽑아 신 삼는다　毛を抜いて履物を作る」ともいう。

070

(日) **井戸の鮒《ふな》**　　우물의 붕어

(韓) **우물 안 개구리**　　井戸の中の蛙

意味　井戸のように狭い世界に満足して住んでいて、外界を知らないたとえ。日本では鮒、韓国では蛙を対象にしている。

解釈 (日)「井戸の中の蛙大海を知らず」ともいう。

解釈 ㊗ 「우물 안 개구리는 바다 큰 줄을 모른다　井戸の中の蛙大海を知らず」ともいう。

071

㊐ **井戸《いど》の端《はし》の童《わらべ》**　우물가의 어린애

㊗ **우물가에 애 보낸 것 같다**　井戸端へ子どもをやったよう

意味　大変危険な思いではらはらと心配すること。

解釈 ㊐ 井戸端に子供などが遊んでいると、いつ落ちるか分からないので、危険なことをたとえていうことば。「井のふちの茶碗」ともいう。

解釈 ㊗ 子どもを危険な井戸の端にやったので、心配でおちおち座っていられない。危険な思いが頭から離れないこと。

072

㊐ **犬になるなら大家の犬になれ**　개가 된다면 대가의 개가 되어라

㊗ **빰을 맞아도 은가락지 낀 손에 맞는 것이 좋다**　頬を打たれても銀の指輪をはめた手に打たれるがよい

意味　どうせなら、権威と名誉のあるよい環境でされるがいい。

解釈 ㊐ 犬になるなら、りっぱな家に飼われるのがよいの意から、同じ仕えるにしても仕えがいのある主人を選ぶがよいというたとえ。「寄らば大樹の蔭」ともいう。

解釈 ㊗ 叱られりたり罰を受けたりするときでも、権威があって徳望のある人にされるほうが後にその権威や徳望の影響を受ける可能性があるので良いとのこと。

073

㊐ **犬は三日飼えば三年恩を忘れぬ**　개는 사흘 기르면 삼 년 은혜를 잊지 않는다

㊗ **개도 주인을 알아본다**　犬も飼い主を見抜く

意味　人間に生まれ恩知らずでいてはならないという戒めの意。

解釈 ㊐ すぐに恩を忘れるような人間では、犬にも劣るという戒め。

解釈 ㊒ 日本と同じ。「머리 검은 짐승은 남의 공을 모른다　髪の毛の黒い獣は人の恩恵を知らない」ともいう。

074

㊐ **犬も人を見れば尾を振る**　개도 사람을 보면 꼬리를 친다

㊒ **개도 세 번만 보면 꼬리를 친다**　犬も三回会うだけで尾を振る

意味　犬でさえ人に愛嬌を示して尾を振るのに、人に対してあまり素っ気ない態度をとるのはよくないという意。

075

㊐ **命は義に縁《よ》りて軽し**　생명은 의리에 의한 인연보다 가볍다

㊒ **사신취의의 정신**　捨身就義の精神

意味　命は貴重なものだが、義のためには捨てても惜しくない。

076

㊐ **命は風前の灯の如し**　목숨은 바람 앞의 등불과 같다

㊒ **목숨은 바람 앞의 등불과 같다**　命は風前の灯の如し

意味　人の命は消えやすくはかないものである。危険がさし迫っていることのたとえ。

解釈 ㊐ 人の命は風にゆらぐ灯のようにすぐに消えてしまうようなものである。「命は雁の羽より軽い」、「ハエの命だ」ともいう。

解釈 ㊒ 日本と同じ「목숨은 기러기 털보다 가볍다　命は雁の羽より軽い」、「파리 목숨이다　ハエの命だ」ともいう。

い

077	㊐	**芋幹《いもがら》で足を突く**	감자 줄기로 발 찌른다
	㊙韓	**억새에 손가락 (자지) 베었다**	すすきに指 (陰茎) を切った

意味　油断して思わぬ失敗をすることやふつうでは教えられないような大げさなことのたとえ。

078	㊐	**色の白いは七難隠す**	살결이 희면 일곱가지 단점 감춘다
	韓	**살결이 희면 열 허물 가린다**	肌が白ければ十の弱点を隠す

意味　女性の肌が白いことは、他の欠点を隠して、美人に見えるとの意。

解釈 ㊐　女性の肌が白いと他の欠点が隠され、美しさが引き立つとの意。「髪の長きは七難隠す」、「肌が白いは七難かくす」ともいう。

解釈 韓　日本と同じ。「희어야 미인이다　色白こそ美人だ」ともいう。

079	㊐	**「いろは」の「い」の字も知らぬ**	「이로하」의「이」자도 모른다
	韓	**'가갸' 뒷 자도 모른다**	「가갸」の後の字も知らぬ

意味　非常に、無知識なことをいう。

解釈 ㊐　文字をまったく知らない人のことをいう。「一丁字を識らず」ともいう。

解釈 韓　文字をまったく知らない人を指していうことば。また、ものごとの理に暗い人をあざける意に用いる。「カギャ」は日本の「あいうえお」に当たる基本文字である。「낫 놓고 기역자도 모른다　鎌おいて「ㄱ《キヨク》」字も知らぬ」ともいう。

＊「ㄱ」字：李朝第4代世宗大王28年(1446年)10月9日ハングルを制定公布したが、その第一番目の文字「ㄱ」が鎌の形に似ており、その字のことをいう。ハングルとは偉大な文字の意味としてかつては訓民正音といった。基本的には子音が14個、母音が10個あり、そのくみあわせによって発声音を正しく読み書きすることができる。

080

日 **言わねば腹脹る**	말을 안하면 배가 부푼다
韓 **고기는 씹어야 맛이요**	肉は噛んで味なもの
말은 해야 맛이다	話は言って味なもの

意味 言いたいことを言わないと不満が溜まる。言いたいことを言わないとうっぷんが積もる。

解釈 日 うっぷんが積もることは、昔から腹脹るといった。物を食べると、腹脹れるように、不満が溜まると腹が脹れるとのたとえ。

解釈 韓 固い肉はうわっかじりしただけでは本当の味は分からない。しばらく噛んでいるうちに、味がだんだん出てくるものである。話も相手が理解できるように、最初から最後まで詳しく話さなければならないということ。

수염이 석 자라도 먹어야 양반
ひげが三尺でも食べてこそ両班

昔、ある両班が召使いを連れて旅に出た。

いつのまにか手持ちの食べ物を全部食べてしまったが、目的地は遠くて人家は見えなかった。両班は腹がぺこぺこだったので、召使いにどうにかしてすぐ食べ物を用意して来るように命じた。召使いは直ちに畑に行って豆粒二握りを得て来た。

「や、それは何か？」「はい、これは畑で拾った豆粒ですが、これから火に焙ってさし上げます。」すると、両班は激しい叱責を打った。

「この無礼な奴！　至高な両班である私におまえがげすのように拾ってきた粒を焙って食べろというのか？　直ちに持って出て行け」

それで、召使いは再び食べものを求めに出た。

やがて彼はいくつかのじゃがいもを持って帰った。

「それは何か？」「じゃがいもです。これから焚き火をつくり、やきいもにします。」それを聞いたとたん、両班はまた厳しく叫び叱った。

「この無礼な奴！　至高な両班である私にこんなやきいもを食べろというのか？　直ちに投げ捨てろ」こうどなりつけた両班は自分の体を支えきれずその場にぐったりと倒れてしまった。

召使いは急いで火を起こして豆を焙ってじゃがいもを焼きながら、

両班を見ると長くなったひげまでぶるぶると震えていた。

それで、召使いは両班を揺さぶって話した。

「両班様、どうか起きなさい。ひげが三尺でも食べてこそ両班で、死んだらどうして両班としての仕事ができるのでしょうか？」この言葉を聞いた両班は悟るところがあったのか、召使いが持っている焼きいもをわっと取り上げ口いっぱいに押し込んでもぐもぐと食べた。

う

081

㊐ **上には上がある**　위에는 위가 있다

㊎ **기는 놈 위에 나는 놈 있다**　這う者の上に飛ぶ者がある

意味　上には、まだ上があるものだ。

解釈 ㊐ 技術、能力などが最高に優れていると思っても、さらにその上があるという意。予想外に度を越していることに対する驚きの気持ちを表す。「下には下がある」と続けて用いることもある。「上見ればきり無し」、「上を見れば方図がない」ともいう。

解釈 ㊎ 地面を這うものがいれば、空を飛ぶものがいるように、偉い人の上に、その人よりずっと偉い人がいるものだ。仕事のうまい人の上に、もっとうまい人がいる。「뛰는 놈 위에 나는 놈 있다　駆ける者の上に跳ぶ者がある」ともいう。

082

㊐ **魚心有れば水心**　물고기가 마음 있으면 물도 마음 있다

㊎ **오는 정이 있어야 가는 정이 있다**　来る情あってこそ行く情あり

意味　相手が自分に対して好意をもてば、自分も相手に好意を持つ用意がある。

解釈 ㊐ 元来は「魚心あれば水こころあり」で、魚に水と親しむ心があれば、水もそれに応じる心をもつ。誤って、「魚心」「水心」を一語に解する事が多い。「問い声よければ応え声よい」ともいう。

解釈 ㊎ 相手のやり方次第によって心はどうにでも動くということ。相手が自分に対して思いやりがあり、親切にしてくれたりすると、自分も相手に対して好意をいだいて接するという意。「가는 말이 고와야 오는 말이 곱다　来ることばがきれいなら行くことばもきれいだ」、「오는 떡이 두꺼워야 가는 떡이 두껍다

くれる餅が厚ければ返す餅も厚い」ともいう。

083

㊐ **嘘から出た誠**　거짓말에서 나온 진실

㊙ **거짓말이 참말 되다**　嘘が真実になる

意味　嘘だったのが本当になる。

解釈 ㊐ 始めは嘘のつもりで言ったことが、人から人に伝わるうちに、偶然本当になってしまうこと。また、冗談が事実になること。

解釈 ㊙ 嘘といったことがいつのまにか、本当のことのようになってしまうこと。

084

㊐ **嘘つきは泥棒の始まり**　거짓말은 도둑의 시초다

㊙ **거짓말은 도둑의 시초다**　嘘つきは泥棒の始まり

意味　嘘をついていると悪いという意識もなくなり、そのうち盗みも悪いことだと思わなくなるから、決して嘘をついてはならないという戒め。

085

㊐ **嘘をつけば舌を抜かれる**　거짓말을 하면 혀를 뽑힌다

㊙ **거짓말 한 입은 똥 먹는다**　嘘ついた口は糞を食う

由来は 85 ページを参照

意味　嘘をついたら悪いことがおこるという戒め。

解釈 ㊐ 嘘をつくと地獄の王である閻魔さまに舌を抜かれるからうそをつくなという戒め。「嘘をいうと閻魔に舌を抜かれる」ともいう。

解釈 ㊙ 昔、ある人が嘘をついた故に糞を食べてしまったことがあり、その時から嘘をつくと糞を食べるという戒めのことばが伝えられている。

086

㊐ **打たぬ鐘は鳴らぬ**　치지 않은 종은 울리지 않는다

㊙ **아니 땐 굴뚝에 연기 날까**　炊いてないのに煙突に煙は立たぬ

意味　原因がなければ結果は生じない。その上に出来ることがある。

解釈 ㊐　鐘は打つことにより鳴るものであり、すべての生じるもとには仕掛けが存在するとのこと。「蒔かぬ種は生えぬ」、「呑まぬ酒には酔わぬ」ともいう。

解釈 ㊙　日本と同じ。

087

㊐ **歌物語の歌忘れ**　노래 전설에서 노래 잊다

㊙ **장가들러 가는 놈이 불알 떼어 놓고 간다**　妻をめとりに行く奴が金玉を離して置いて行く

意味　いちばん肝心なことが抜けていたり忘れられていたりするのを嘲笑したたとえ。

088

㊐ **腕まくりをして取りかかる**　팔을 걷고 나서다

㊙ **팔을 걷고 나서다**　腕まくりをして取りかかる

意味　ある事に対して積極的に乗り出す。

089

㊐ **独活《うど》の大木《たいぼく》**　땅두릅의 큰 나무

㊙ **키 크고 싱겁지 않은 사람 없다**　背の高い者で水っぽくない者はいない

意味　背の高い者は気持ちが締まっていない。身体の大きい者は知恵が回らない。

解釈 ㊐ 独活は丈が２メートル程度に大きくなるが茎は弱いことから、体ばかり大きくても役に立たない者のことをいう。「大きな大根辛くない」「大男総身に知恵が回りかね」ともいう。

解釈 ㊊ 背丈ばかり大きくて、締まりがなくだらしない者の様子を言う。また、背の高い者がつまらないことでもすると、それがよけいに目だってわるく見えるということ。韓国で「水っぽい」はしまりがない、だらしがないことをいう。「키 크고 속 있는 놈 없다　背高い者で締まっている者はいない」ともいう。

090

㊐ **鵜《う》のまねする烏**　가마우지 흉내내는 까마귀

㊊ **뱁새가 황새를 따라가면 가랑이가 찢어진다**　みそさざいが青鷺《さぎ》を追って行けば股が裂ける

意味　自分の能力や適性を無視し、人のまねをすると失敗する。

解釈 ㊐ 姿形が似ているからといって、烏が鵜のように水にもぐって魚をとると溺れるという意。

解釈 ㊊ みそさざいは小さくて足の短い鳥である。このみそさざいが足の長い鷺のような大鳥と一緒に同行すると、やがて股が裂けるに決まっている。自分の能力も知らずに大きな仕事に手を出すと、いずれ失敗する。「살찐 놈 따라 붓는다　太った奴について腫れ上がる」ともいう。

091

㊐ **旨い物は小勢で食え、仕事は大勢でせよ**　맛있는 것은 소수가 먹고 일은 대수가 해라

㊊ **손이 많으면 일도 쉽다**　手が多ければ仕事もやさしい

意味　どんなことでも何人かが力を合わせてすれば容易にうまく出来るということ。

解釈 ㊐ おいしいものは少人数で食べるとたくさん食べられていいし、仕事は大勢で手分けしてやれば負担が軽くなり早くできていいこと。「一本の矢は簡単に折れるが三本の矢は折れぬ」ともいう。

解釈 (韓)「백지장도 맞들면 낫다　白紙も向かい合って一緒に持ち上げるとましである」ともいう。

092

(日) **馬には乗ってみよ、人には添うてみよ**　말은 타 보라 사람은 상종해 보라

(韓) **물은 건너 보아야 알고 사람은 지내 보아야 안다**　水は渡ってみて知り、人は付き合ってみて知る

意味　ものごとはまず経験してからでないと判断できないということ。

解釈 (日) 馬のよしあしは、実際に乗ってみなくてはわからないし、人柄のよしあしも一緒に暮らしてみなければ本当のところは分からない。何事も自分で確かめろという意。

解釈 (韓) 水の深さを知るには渡ってみなければ分からないし、人も付き合って時間を経なければその人のよしあしはわからないものだというたとえ。「길고 짧음은 재보면 안다　長いか短いかは比べてみてわかる」ともいう。

093

(日) **馬の耳に念仏**　말귀에 염불

(韓) **우이독경**　牛耳読経

意味　意見や忠告、教訓などをいくら言ってもまったく効き目のないことのたとえ。

解釈 (日) 話をよく理解できない人に、高圧的にいうことば。

解釈 (韓) 日本と同じ。「귓구멍에 마늘쪽을 박았나　耳の穴ににんにくのかけらを打ち込んだか」、「귀에 말뚝을 박았나　耳に柱を打ち込んだか」ともいう。

094

日 **海に千年山に千年**　바다에 천년 산에 천년

韓 **산전수전 다 겪었다**　山戦水戦を経験した

意味　色々なことを経験して社会の裏表を知り、抜け目がなく悪賢いこと。

解釈 日　下等な動物である蛇が、海と山に千年ずつ住み、たくさんの経験を積み、立派な龍になるという中国の俗説がある。しかし後世になると、この意味が転じて世間のいろいろな経験を積み、世の中の悪いこともよいことも何でも知りぬいている人、転じて、ずる賢い人という意味になった。「海千山千」ともいう。

解釈 韓　山や海での戦いの意で、世の中のすべての苦難の道を乗り越え、どんなことにも戸惑わずに老練に対処する人をいう。「단것 쓴것 다 겪었다　甘いこと苦いこと全部を取り済ます」「단맛 쓴맛 다 보았다　甘い味苦い味全部味わう」ともいう。

095

日 **生みの親より育ての親**　낳은 부모보다 기른 부모

韓 **낳은 정 보다 기른 정**　生みの情より育ての情

意味　長い間育ててくれた養父母には、生みの親より深い恩愛の気持ちを感じる。

解釈 日　自分を生んだだけで養育しない親には情愛というものがない、血のつながりがなくても、幼い時から肉体的にも精神的にも深く触れ合っている人にこそ愛や情が生まれるというものである。「生みの恩より育ての恩」「産んだ子より抱いた子」ともいう。

解釈 韓　自分を生んでくれた親の情よりも、長い間、色々な世話をしながら育ててくれた養父母の情の方がもっと深いということで、日本のことわざと比較してみると、「親」と「情」の違いにすぎないが内容的には同じものである。

096

㊐ **恨みに報ゆるに徳を以てす**　원한을 갚을 때는 덕으로 갚는다

㊙ **원한을 갚을 때는 덕으로 갚는다**　恨みに報ゆるに徳を以てす

意味　恨みのある者をも恨まず、博愛の心から恩徳を施す (老子)。汝の敵を愛せよ (新約聖書)。

097

㊐ **恨み骨髄《こつずい》に徹する**　원한이 골수에 사무친다

㊙ **원한이 뼈에 사무치다**　恨みが骨に徹する

意味　人を恨むことが非常に深くて強いことを表すことば。

解釈 ㊐「骨髄」は骨のしんのことで心の底から深く恨むこと。

解釈 ㊙ 日本と同じ。

098

㊐ **売り言葉に買い言葉**　파는 말에 사는 말

㊙ **가는 말이 고와야 오는 말이 곱다**　返す言葉がきれいなら、返る言葉もきれいである

意味　悪口で言えば悪口で返す。相手の暴言には暴言で言い返す。

解釈 ㊐ 一方がけんかのきっかけになるような、言いがかりのことばで話すと、その言いがかりのことば (暴言) に対して言い返すこと。「売ることばに買うことば」ともいう。

解釈 ㊙ 情けをもらえば情けを返すのと同じように、ことばを交わす時にも、乱暴なことばで言われると乱暴なことばで返すのが普通である。自分がきれいなことばを使うと、相手からもきれいなことばがかえってくるということで、ことば使いはお互いさまであること。

099

㊐ **瓜《うり》のつるに茄子《なすび》はならぬ**　참외 덩굴에 가지 열릴까

㊙ **콩 심은 데 콩 나고 팥 심은 데 팥 난다**　大豆を植えたら大豆が生え、小豆を植えたら小豆が生える

意味　原因により結果が生じるもので、平凡な親から非凡な子は生まれない。

解釈 ㊐　長く延びる瓜のつるには瓜がなり、そこには間違ってもなすびがなるということはない。「瓜の木になすびはならぬ」ともいう。

解釈 ㊙　大豆を蒔けば必ず大豆の木が生えるし、小豆を蒔けばそこには小豆の木が生えるように、蒔いた種以外のものが生えることは有り得ない。

100

㊐ **噂をすれば影がさす**　남의 말 하면 그림자가 든다

㊙ **호랑이도 제 말 하면 온다**　虎も自分の話をすればやってくる

意味　うわさをすればうわさをされた者がやってくる。

解釈 ㊐　人のうわさをすると、当人がそこへ偶然やってくるものだ。うわさは事実と異なるものだから、つつしんだほうがよいというものだ。「うわさをすれば影」、「そしり者門に立つ」ともいう。

解釈 ㊙　噂をすると、噂された人が偶然現れるもので、虎の噂をすれば、恐しい虎までも現れる。うわさをすることはつつしんだ方がよいということ。「자기말 하면 온다　人も自分のうわさをすれば現る」、「촌놈 제말하면 온다　田舎者自分のうわさに現る」ともいう。

101

㊐ **うんともすんとも**　응도 승도

㊙ **달다 쓰다 말이 없다**　甘い苦いということばがない

意味　口を噤んで一切口をきかないこと。

解釈 ㊐ 下に「言わない」、「答えない」などの打ち消しの表現を伴って、全く応答がないさま。「つべこべ言わない」ということばもある。

解釈 ㊙ 甘いとか苦いとかという自分の感じた意見をまったく一切言わないさま。「희다 검다 말이 없다　白い黒いと言わない」、「구린 입도 떼지 않는다　くさい口も開けない」ともいう。

102

㊐ **運は天にあり**　운명은 하늘에 있다

㊙ **팔자 도망은 독 안에 들어도 못한다**　かめの中に入っても、定められた運命からのがれることはできない

意味　天によって定められた運命からのがれることはできない。

解釈 ㊐ 人の運命は、すべて天が決めるもので、人間の力ではどうすることも出来ないということ。「運否天賦」ともいう。

解釈 ㊙ 昔から、約縦 1m 横 30cm のかめをつくり、そのなかに穀物や味噌、醤油などを保管した。主婦が大切にしているものを隠す用途としても使い、とても貴重なものである。これはまた秘密を守るものでもある。このようなかめのなかに入って身を隠そうとしても、背負って生まれた運命からのがれることはとうていできないということ。「운부천적　運否天賦」ともいう。

103

㊐ **運を天に任せる**　운을 하늘에 맡기다

㊙ **운을 하늘에 맡기다**　運を天に任せる

意味　人間の運命はすでに定まっているので、自然の成り行きにまかせるほかはない。

え

104

㊐ **易者《えきしゃ》身の上知らず**　점쟁이 신상 알지 못하고

㊗ **중이 제 머리를 못 깎는다**　坊さんは自分の頭を剃られない

意味　どんなに大事なことでも、人の手を借りなければならないことがある。

解釈 ㊐ 他人のことはとやかく言えても、自分のこととなると正しい判断を下せないことのたとえ。「陰陽師身の上知らず」ともいう。

解釈 ㊗ 坊さんは他人の頭を剃ることを容易に行うが、いざ自分のことになると出来ないということで、人の手を借りなければならないということの意。

105

㊐ **江戸の仇を長崎で討つ**　에도의 원수를 나가사키에서 토벌한다

㊗ **종로에서 뺨 맞고 한강에서 눈 흘긴다**　鍾路で頬を打たれて漢江で横目をする

意味　恥辱を受けた場所では何も言えなくて、関係のないところに行って鬱憤を晴らすということば。

106

㊐ **絵に描いた餅**　그림의 떡

㊗ **그림의 떡**　絵に描いた餅

意味　実際に役に立たないこと。

解釈 ㊐ 絵に描いた餅は見るだけで食べられない。話しや計画がどんなに素晴らしくても、実現しなければ役に立たないということ。「画餅」ともいう。

解釈 ㊗韓 日本と同じ。「그림 떡　画餅」ともいう。

107

㊐ **えびで鯛《たい》を釣る**　　새우로 도미를 낚는다

韓 **새우로 잉어를 낚는다**　　えびで鯉を釣る

意味　わずかな負担、努力などで大きな利益、収穫を得ること。わずかな贈り物をして多くの返礼を受けるということ。

解釈 ㊐ えびは小さくて価値的に低いものであるが、これをもって貴重で高価なものである鯛を釣る。「鼻くそで鯛を釣る」、「麦飯で鯉を釣る」ともいう。

解釈 韓 えびに対して、鯉は価値が高くて高価なものである。特に鯉は、産婦の栄養補給や乳がよく出るようにするので妊産婦に人気がある。えびのような小さい魚を餌にして、高価な鯉が釣れるということ。「보리 밥알로 잉어를 낚는다　麦飯粒で鯉を釣る」ともいう。

108

㊐ **笑みの中の刀**　　웃음 속의 칼

韓 **웃음 속에 칼이 있다**　　笑いの奥に刀がある

意味　表面では穏やかであるが、内心は陰険であること。

解釈 ㊐ 中国、唐の李義府は、表面は柔和だが、内心は陰険であったという故事から、表面ではおだやかに笑ったりしているが、内心はきわめて陰険であることにいう。「笑みの中の剣」、「目に剣がある」、「笑いのうらに刀を研ぐ」ともいう。

解釈 韓 口先では親切に見えても、その胸のうちには残酷さが漂っている。油断のならない陰険なことのたとえ。刀とは相手を殺すこともできるし、傷付けることもできることから、残酷さをたとえている。「웃고 사람 친다　笑って人を打つ」、「간 빼 먹고 등치다　肝を出して食べて背中を打つ」、「뒷구멍으로 호박씨 깐다　肛門でかぼちゃの種の皮を剥ぐ」、「뒷구멍으로 수박씨 깐다　肛門ですいかの種の皮を剥ぐ」ともいう。

109

(日) **炎にして付き寒にして棄つ**　더우면 불고 차면 버린다

(韓) **달면 삼키고 쓰면 뱉는다**　甘けりゃ呑み苦けりゃ吐く

意味　義理も人情もない人のことをいう。

解釈 (日)　人の勢力の盛んな時にはその人のもとに寄り集まり、衰えると去っていく、人情の軽薄なことをいう。炎は盛んなさまを、寒は衰えたことをたとえている。

解釈 (韓)　自分の得になることだと取り上げ、損だと思ったら捨ててしまう。もっぱら自分自身の打算ばかり念頭において、義理も人情もない人のことをいう。

110

(日) **遠慮ひだるし伊達寒し**　사양은 배 고프고 멋 부림은 춥다

(韓) **몸 꼴 내다 얼어 죽는다**　体裁に格好づけて凍え死ぬ

意味　人の目を気にしてみえを張るのはほどほどにしたほうがよい。

解釈 (日)　遠慮が過ぎると空腹をがまんしていなければならず、格好ばかり気にして薄着でいると寒いめをみる。

解釈 (韓)　着ぶくれすると格好悪くなるのでそれを嫌って、寒い日に薄着をしたため、とうとう凍え死にしてしまうということ。

간에 가 붙고 쓸개 (염통) 에 가 붙는다
肝につき、胆嚢(心臓)につく

　ある日、とても腹が空いた雌狐が餌を求め、歩き回っていたところ、一匹のノル（鹿科の動物）を囲んでうなる山犬と狼を見つけた。

　狐は、二ひきを血だらけになるまで戦わせて、二匹が動けなくなったらノルを奪おうと考えた。

　狐は二匹に言った。「男のくせに女のように何をうろうろしているんですか。堂々と戦って勝った方がノルをもらったら。」狐の話を聞いて山犬と狼は決闘した。

　力がほぼ同じだろうと思っていたが、狐が考えていたこととは裏腹に、一気に山犬が勝って、狼は逃げてしまった。

　結局ノルは山犬のものになった。

「山犬様が勝つことは予想していました。だから私は狼との決闘を提案したのです。」と狐が山犬の表情をうかがいながら愛嬌を振りまき、ノルを奪うチャンスを待っていた時だった。逃げた狼がたくさんの仲間を連れて駆けつけた。

（ひょっとしたら肉を一欠片も食べられないかもしれない。）そう思った狐はいい考えが浮かび、急いで山犬に話しかけた。「山犬様! 良い考えがあります。餌をあの崖のてっぺんに引っ張っていけば狼らがついて来るでしょう。 その時に崖の下に落とせば。では私がやつらを崖の上に案内します。へへ」狐のこざかしい策に引っかかった山犬と狼らは崖で戦い始めた。この時だった。ノルの仲間が駆けつけて来た。山犬と狼らは驚きのあまりに転び落ちて狐だけが残った。ずうずうしい狐は「心の優しいあなたたち、私が怨みを晴らしたから大丈夫。さあ、帰りなさい。」と言った。

狐の計略を分かったノルらは、「肝につき、心臓につく狡猾な狐やろう、貴様に騙されるとでも思うか。」といって、狐をめちゃくちゃにしてしまった。

お

111

㊐ **負《お》うた子に教えられて浅瀬《あさせ》を渡る**　업힌 아이에게 배워 얕은 여울을 건넌다

㊕ **팔십 노인도 세 살 먹은 아이에게 배울 게 있다**　八十老人も３才子供に教わることがある

意味　自分より年下で経験の浅いものに教わることがある。

解釈 ㊐　まだ幼くて背中に負ぶった子であっても学べることがある。

解釈 ㊕　日本と同じ。「어린아이 말도 귀담아 들어라　子供の話も慎重に聞け」ともいう。

112

㊐ **負うた子より抱いた子**　업은 아이보다 안은 아이

㊕ **팔이 안으로 굽는다**　腕は内側に曲がる

意味　自分の近くにいるものをまず大事にする。

解釈 ㊐　背中に背負った子より前に抱いている子をあやすことが多いということから離れていることより身近なことを先にしたり、身近にいるものを大事にする。

解釈 ㊕　腕が内側に曲がるのは同然のように、自分の近くにいる者をまず大事にすることは人間にとって当たり前のことだ。ところが、離れているものに対しては何となくおろそかにしやすい。盃を回すには、身近かな人から先に回すように、慈悲もまず身内から注ぐようになるという意。

113

㊐ **大きい薬罐《やかん》は沸きが遅い**　큰 주전자는 더디 끓는다

㊕ **대기만성**　大器晩成《たいきばんせい》

意味　大物が大成するには時間がかかる。

解釈 (日) 大きな薬罐で大量の湯を沸かすには時間がかかる。大物になる素質のある人が大成するには、多くの歳月を要するというたとえ。「小鍋は直に熱くなる」と続けることもある。「大器晩成」ともいう。

解釈 (韓) 鐘や鼎は大きな器であるから、すぐにはできあがらない。人も、大人物はやすやすと完成するものではなく時間がかかること。

114	(日) **落ち武者は薄《すすき》の穂にも怖じる**	도망치는 무사는 억새이삭도 무서워한다
	(韓) **자라 보고 놀란 가슴 소댕 (솥뚜껑) 보고 놀란다**	すっぽん見て驚いた胸 釜蓋を見て驚く

意味 怖じ気のついた者は恐れるに足らないものさえ恐れるというたとえ。

解釈 (日) びくびくしている者はどんなものにでも怖がる。

解釈 (韓) あるものを見て驚いた者は、それに似た物を見ても驚く。

115	(日) **男やもめにうじがわき、女やもめに花が咲く**	홀아비에게는 구더기가 들끓고 과부에게는 꽃이 핀다
	(韓) **홀아비는 이가 서말 과부는 은이 서 말**	男やもめはしらみが三斗、女やもめは銀が三斗

意味 男やもめの生活は不潔であるが、女やもめは華やかである。

解釈 (日) 男やもめはろくに洗濯もしないし、掃除もしない。だから不潔この上もない。これに対して、女やもめは生活をきちんとしていて華やかなことをいう。女やもめは自分の身辺を美しく清潔にしているので、世間の男の目をひくということ。「男世帯にうじがわき、女世帯に花が咲く」ともいう。

解釈 (韓) 男やもめは、自分の身や身の回りに気をつかわず暮らすので汚くなる。その汚い環境によって、しらみが三斗 (「斗」は一升の十倍で大げさに表現したもの) にもなる。しかし、女やもめは男やもめとは反対に、自分の身辺をきれいにし、しっかりと生活するので、銀を三斗も集めるといっている。

116

㊐ **お腹と背中がくっつきそう**　배와 등이 붙었다

㊔ **등과 배가 붙었다**　背と腹がくっついた

意味　空腹で非常にお腹が空いている状態や大変痩せている状態をいうこと。

117

㊐ **鬼に金棒**　도깨비에게 쇠 몽둥이

㊔ **범에게 날개**　虎に翼

意味　もともと強いのに、さらに強みが加わること。よい条件に、さらによい条件が加わること。

解釈 ㊐　鬼に金棒を持たせれば怖いものがないように、強い者が更によい条件を得てより強くなること。「鬼に金棒」、「虎に翼」、「鬼に金棒仏に蓮華」、「虎に角」、「獅子に鰭」ともいう。

解釈 ㊔　虎は陸上で最強の動物である。その虎に翼を備えれば、その力はもっと強まり、対抗するものがないほどになる。

118

㊐ **鬼の居ぬ間の洗濯**　귀신이 없는 새에 세탁

㊔ **범 없는 골에는 토끼가 스승이다**　虎のいない谷の師匠である兎

意味　すぐれた人のいないところで、つまらない者が偉そうに行動すること。

解釈 ㊐　もともとは古くから伝わる童唄の文句。主人や監督者など、いろいろ指示したり、注意したりする人のいない間に、息抜きをしてくつろぐこと。「洗濯」は、「苦労を忘れ、思う存分楽しむ」という意味。「鬼の居ぬうちに洗濯」ともいう。

解釈 ㊗ 谷にいる様々な動物のうち、力のある怖い動物は虎である。その虎の前で、息も出来ないほどに恐れる弱い動物は兎である。しかし、虎がいないと、その弱々しい兎が虎に代って、虎と同じような顔をして過ごすのである。立派な人がいないところでろくでもない人が、威張っていることをからかって、たとえている。「범 없는 골에서는 여우가 범 노릇한다　虎のいない谷では狐が虎になる」ともいう。

119		
	㊐ **鬼の霍乱《かくらん》**	도깨비의 곽란
	㊗ **목석도 땀 날 때 있다**	木石も汗をかく時がある

意味　どんなに健康な人であっても病気をすることがある。

解釈 ㊐ ふだん非常に丈夫な人が、思いがけなく病気になることのたとえ。

解釈 ㊗ 木石とは鈍感で無口な人をさすことばとして、木石のような丈夫な人でも病む時があるという意。

120		
	㊐ **鬼の目にも涙**	귀신 눈에도 눈물
	㊗ **목석도 눈물**	木石も涙

意味　冷酷無情な人間でも、時には情に感じて慈悲の心を起こすことがあるとのたとえ。

121		
	㊐ **溺れる者は** **藁《わら》をも掴む**	물에 빠진 사람은 지푸라기라도 잡는다
	㊗ **물에 빠지면** **지푸라기라도 잡는다**	水に溺れれば 藁《わら》をも掴む

意味　危急の際には、どんなに頼りにならないものにでも頼ろうとすること。

解釈 ㊐ 水に溺れているものは、助かりたいという気持ちが必死で、頼りになりそうもない藁にまですがりついて助かろうとする。非常に困難な状況に直面しているものは、助かりたい一心から、およそ頼り甲斐のないものにまですがり付いて頼ろうとすること。「せつない時は茨も掴む」ともいう。

解釈 ㊙ 日本と同じ。「급하면 부처님 다리 껴안는다　急な時には仏の足に抱きつく」ともいう。

122

㊐ **思い内にあれば 色外にあらわる**　생각이 속에 있으면 자연스럽게 나타난다

㊙ **본성이 나타난다**　本音が表れる

意味　心に思うことがあると、自然に顔色や態度にあらわれる。心内にあれば、色外にあらわるとの意。

123

㊐ **思う仲の小いさかい**　친한 사이는 사소한 것으로 다툰다

㊙ **친할수록 잘 싸운다**　親しいほどよく喧嘩する

意味　親しい間柄は、かえって小さな争いが起きやすいものだ。仲が良いほど喧嘩するとの意。

124

㊐ **思う念力《ねんりき》岩をも通す**　염력이 바위를 뚫는다

㊙ **지성이면 감천**　至誠ならば感天

意味　何事も真心を尽くせば成し遂げられる。

解釈 ㊐ 心をこめて物事にあたれば、不可能に思われたことでも達成できるということ。

解釈 ㊙韓 物事に取りくむ際、心をこめて一所懸命すればその心が天に通じ感化され、その人の願いが叶うという意。「생각이 기적을 낳는다　思いが、奇跡を産む」ともいう。

125

日 **親に似ぬ子は鬼っ子**	부모를 닮지 않은 도깨비 자식
韓 **엉덩이에 뿔이 났다**	尻に角が生えた

意味　子供の言動などが親に似ず、しかも悪い場合にいさめていうたとえ。

解釈 日 子は親に似るのが普通なのに、親に似ていない子は、人間の子ではなく鬼の子だということ。

解釈 韓 人の尻に角が生えるとは何の必要性もなく、かえって邪魔になるだけのものであるように、年端もいかない人が教えに従わないで不遜な言動を行った場合を比喩していう。

126

日 **親の心子知らず**	부모 마음 자식 모른다
韓 **부모 배 속에는 부처가 들어 있고 자식 배 속에는 범이 들어 있다**	親の腹の中には仏が入っていて、子の腹の中には虎が入っている

意味　子を思う親の深い心を子供は察しないで自分勝手に振舞う。

解釈 日 過去の経験から心配する親の心が、子供には理解されないものだ。

解釈 韓 両親の心にはやさしい仏が入っていて、子の中には虎のように猛々しいものが入っているとのことで、親は愛情を込めて子供を育てるが、子供は親不孝ばかりをするという意。「자식 겉 낳지 속은 못 낳는다　子供の表面は産むが中身は産めない」ともいう。

127

㊐ **親の光は七光り** 부모의 여광은 일곱가지 빛

㊗ **가문 덕에 대접 받는다** 家柄のおかげでもてなしを受ける

意味 ろくでなしでも、親の社会的地位や名声のおかげで優遇されること。

解釈 ㊐ 親の社会的地位や名声が、子供の出世や就職に大いに役立ち、いろいろな恩恵を受けること。子供にとって大いに助けとなること。「男の光りは七光り」、「親の七光り」ともいう。

解釈 ㊗ 家門のいい家に生まれた祖先のお陰で、自分はろくでもない人間でいながら、世間からよい待遇をうける。あるいは、自分の持っている諸条件が有利であれば、たいした者でもないのに手厚いもてなしを受けて過ごす。一昔前(朝鮮時代)には、人より家柄を重んじられ、両班(貴族)ではない大金持ちは、両班になりたくて、金で家柄を買い求めた。現在は、個人個人の実力をもって、出世や就職を成し遂げることができるようになった。

128

㊐ **終わりよければすべてよし** 끝이 좋으면 모두 좋다

㊗ **유종의 미** 有終之美

意味 物ごとは最後の結末がいちばん大切なのである。

解釈 ㊐ 何かを成し遂げるまでには様々な過程を経るが、途中に何があろうと結末さえよければ、ひとは肯定的に評価してくれるということ。「終わりが大事」「有終の美」ともいう。

解釈 ㊗ 日本と同じ。

129

㊐ **尾を振る犬は叱れまい** 꼬리 흔드는 개 꾸짖지 못한다

㊗ **존대하고 뺨 맞지 않는다** 尊大して頬を打たれない

意味　人の言うことに素直に従う人や愛想を振舞う人は、損を被ることはない。

解釈 (日) 親愛の意を表す者は、攻撃されたり、いじめられることはないという意。

解釈 (韓) 人と丁寧に接すれば、悪いようにはされないということば。

130

(日) **尾を振る犬は叩かれず**　꼬리 흔드는 개 매 맞지 않는다

(韓) **웃는 얼굴에 침 못 뱉는다**　笑う顔につばをはけない

意味　好感をもって応じれば悪くされない。

解釈 (日) 尾を振って人に好かれる犬のように、従順な者は人から害を加えられることはないということ。「尾を振る犬は打たれず」「怒れる拳笑顔に当たらず」ともいう。

解釈 (韓) 優しくて微笑ましい笑顔を持って応じてくれる人に対しては、乱暴な口や行動はできないとのことで、笑顔の大切さをいっている。

131

(日) **女賢《さか》しくて牛売り損なう**　여자 현명한듯 소 팔아 손 본다

(韓) **살림하는 녀편네가 손이 크다**　家計を営む主婦の手が大きい

意味　女性が利口がって出過ぎると損をもたらす。

解釈 (日) 女は目先の利害にとらわれやすく、大局を見誤りがちである。

解釈 (韓) 家計の大半を運営する主婦の手が大きくて人にやるものが多くなると、家計に損をもたらす。「맏 며느리 손 큰 것　長男の妻の手の大きいこと」ともいう。

132

(日) **女三人あれば身代《しんだい》がつぶれる** 여자 셋이면 파산하게 된다

(韓) **딸이 셋이면 문을 열어놓고 잔다** 娘三人いれば門を開けて寝る

意味 娘には多くの金がかかるので、娘の多い家は財産がつぶれる。

解釈 (日) 娘がいると、嫁入りの準備でお金がたくさんかかり、家の財産がなくなってしまうということ。「身代」は財産のこと。「女の子三人よればいろりの灰もなくなる」ともいう。

解釈 (韓) 娘を育てて、結婚に至るまでかかる金額はたいへんなものである。その主なものは、娘が結婚する時の花嫁道具や結婚式の費用などである。一人の娘を嫁がせるのも大変なのに、三人の娘を嫁がせるとなると、家にあった財産をほとんど使ってしまう。その結果、泥棒が入っても盗まれるものがないので、戸締まりをせずに寝ても心配ないということ。

133

(日) **女三人よればかしましい** 여자 셋이 모이면 시끄럽다

(韓) **여자 셋이 모이면 접시가 흔들린다** 女三人よれば皿が揺れる

意味 女はおしゃべりで何人か集まればさらにうるさくなる。

解釈 (日) 女はおしゃべりだから、三人も寄り集まるととてもやかましい。「姦」は女という字が三つ合わさったものである。この字を「かしましい」と読むところからできたことわざ。「女三人よれば富士の山でも言いくずす」「女三人よればいろりの灰飛ぶ」ともいう。

解釈 (韓) 女は口数が多くてうるさく、何人かの女性が集まるとそのやかましさがさらにうるさくなり、近くに置いてあった皿が揺れるほどであるということから、女性のおしゃべり好きをたとえている。

134

(日) **女の一念岩をも通す**　여자의 일념 바위를 뚫는다

(韓) **여자가 한을 품으면 오뉴월에도 서리가 내린다**　女子が恨みを抱けば五、六月にも霜がおりる

意味　女子が恨みを抱けばその影響は大変大きくて、恐ろしいとの意。

135

(日) **女の心は猫の目**　여자 마음은 고양이 눈

(韓) **천길 물속은 알아도 계집 마음속은 모른다**　千尋の水の中は知っていても女の胸中は知らない

意味　女性の心は変わりやすく分からないものだ。

解釈 (日)　女性の心理は猫の目のように変化しやすいとのたとえ。「女心と秋の空」ともいう。

解釈 (韓)　どんなに深い水の中だとしても中身を調べようとしたら可能だが、女性の心はしょっちゅう変わるので測りきれないとの意。

136

(日) **女は三界《がい》に家なし**　여자는 삼계에 집이 없다

(韓) **여자 삼종지도**　女は三従《さんじゅう》之道

意味　女には一生安住の場所がない。

解釈 (日)　女は、子供の時は父に従い、嫁いでは夫に従い、老いては子に従うから、自分自身で主体性を発揮して生きる場がないということ。「三界」はこの世のこと。「女は三従」とともに封建時代の女性の位置を象徴することばである。

解釈 (韓)　韓国でも封建時代の女性の生き方として、子供の時は父に従い、嫁いでは夫に従い、老いては子に従うのが女性の道であった。

137

日 **恩を仇で返す**　은혜를 원수로 갚는다

韓 **은혜를 원수로 갚는다**　恩を仇で返す

意味　恩を受けておきながら、その相手にひどい仕打ちをすること。

解釈 日　恩義を受けた人に対して、報いるのが普通なのに恨みで返すとは理不尽で人間らしくないということ。人は恩を恩で返すのが当然のことである。

解釈 韓　日本と同じ。

거짓말 한 입은 똥 먹는다 .

嘘ついた口は糞を食う。

昔、オフンという役人と金という役人はとても親しく、毎日のように顔を合わせながら暮らしていた。ある日、オフンさんの自宅に金さんが遊びに来ていた。その時はとても暑い夏だったのでオフンの奥さんが上着を脱いでいるところを扉の隙間でチラッと見てしまった。次の日、オフンさんが金さんの家に遊びに行くと、金さんはこんなことを言い出した。「あなたの奥さんのおっぱいには黒いいぼがあるんだね」。オフンさんは家に帰り奥さんを呼び「あなた、人の前で上着を脱いだことがあるのか」とせき立てると「全然ない」と答えた。オフンさんは金さんへの強い憤りを感じた。しばらくしてからある日、オフンさんの奥さんは金さんを招待した。餃子スープの中に糞を詰め込み、金さんをもてなした。スープの味がとても旨くて、次に餃子を食べると、口に噛まれるのはなんと糞だった。その時から「嘘をつくとくそを食べる」ということわざが伝えられた。

か

138

㊐ **飼犬に手を噛まれる**　기르던 개한테 손을 물린다

㊗ **믿는 도끼에 발등 찍힌다**　信じてきた斧に足の甲を斬られる

意味　信じたものに裏切られること。

解釈 ㊐　日ごろから特別大事に面倒を見てやって、恩を感じてもいいはずのものから、思いもかけない被害を受けたり、攻撃を加えられたり、裏切られたりすること。「自分の飯を食べた犬がかかとを噛む」ともいう。

解釈 ㊗　これまで使いなれてきて大丈夫だと思い込んでいた斧が突然、足にあたり大けがをして、途方に暮れること。「기르는 개에게 손목을 물렸다　飼い犬に手首をかまれた」、「기르는 개에게 다리를 물렸다　飼い犬に脚を噛まれた」、「기른 개가 아들 불알 잘라 먹는다　飼った犬が息子の金玉を切って食べる」ともいう。

139

㊐ **蛙の子は蛙**　개구리 새끼는 개구리

㊗ **그 아비에 그 자식**　その親のその子

意味　子供は親に似るものである。凡人の子はやはり凡人である。

解釈 ㊐　オタマジャクシの時は魚に似ていて、とても蛙の子とは思えないが、結局は蛙になる。このことから、子は親に似るものであって、最後は親の進んだ道を歩むのである。「親も親なら子も子でござる」ともいう。

解釈 ㊗　親と子はそれぞれ別の人格を持っているが、外形的にはよく似ているし、ことばや行動、考えまでも不思議なほどよく似ていることから、親と子の関わりの深さをたとえている。「개가 개를 낳지　犬が犬を産んだぞ」、「가시 나무에 가시가 난다　棘ある木に棘が生える」ともいう。

140

㊐ **顔が広い**　얼굴이 넓다

㊊ **발이 넓다**　足が広い

意味　交際範囲が広くて、多方面に知人が多い。日韓同じ意味でありながら日本では「顔」が韓国では「足」が対象になっている。

141

㊐ **顔から火が出る**　얼굴에서 불이 나다

㊊ **얼굴에 모닥불을 담아 붓듯**　顔に焚き火を注ぐように

意味　とても恥ずかしいことがあって、顔が熱くなる様子。

解釈 ㊐　恥ずかしさで顔から火が出たように熱くなり、色までが、真っ赤になる。「顔に紅葉（もみじ）を散らす」ともいう。

解釈 ㊊　日本と同じ。「얼굴이 홍당무가 되다　顔が赤い大根になる」ともいう。

142

㊐ **顔に泥を塗る**　얼굴에 진흙 칠한다

㊊ **얼굴에 똥 칠한다**　顔に糞《くそ》を塗る

意味　面目を失わせ、恥をかかせること。

解釈 ㊐　名誉や体面を失わせるなど恥をかかせる行動をしたとき、顔に泥を塗ったという。顔は常にきれいにしておくところであるから、泥がつくと汚くて、不潔で恥ずかしいことである。

解釈 ㊊　日本と同じ意味であるが、泥の代りに糞を用いている。「얼굴에 먹칠하다　顔に墨を塗る」とも言う。

143

㊐ **餓鬼《がき》の目に水見えず**　아귀의 눈에 물이 보이지 않는다

㊊ **개똥도 약에 쓰려면 없다**　犬糞も薬にしようとすれば見当たらない

意味　ふだんどこにでも見られるものが、いざ探し求めると見当らないこと。

解釈 ㊐ 「餓鬼」は仏教で六道の一つで、ある餓鬼道に落ちた亡者をいう。常に飢えと渇きに苦しんでいるとされる。いつものどが渇いて苦しんでいる餓鬼には、かえって求めている水が目に入らないという意味から熱望しすぎて、かえって求めるものが近くにあるのに気がつかないこと。また、ものごとに熱中しすぎて、かえって肝心なものを見落とすことのたとえ。

解釈 ㊙ 平素どこにでも見られるものも、いざ必要とするときに探し回ってもなかなか見当らないというたとえ。「새똥도 약이라면 구하기 어렵다　鳥の糞も薬となれば得難い」ともいう。

144

㊐ **柿を盗んで核を隠さず**　감을 훔치고 씨를 감추지 않는다

㊙ **꼬리가 길면 밟힌다**　尻尾が長ければ踏まれる

意味　証拠を残していては、行為の実態がばれてしまうとの意。

解釈 ㊐ 盗んだ柿を食べて種を散らばせておけば、すぐばれてしまうところから、証拠を残して悪事が露見することにいう。

解釈 ㊙ 悪いことを長い間継続すれば結局見つけられてばれてしまうということ。

145

㊐ **駆け馬に鞭**　달리는 말에 채찍

㊙ **사타구니에 방울 소리가 나도록**　股ぐらで鈴の音がするように

意味　大変急いで走る様子。

解釈 ㊐ 走っている馬に鞭打って、さらに速く走らせるとの意から、勢いづいているものをいっそう勢いづかせることのたとえ。

解釈 ㊙ 股ぐらで音が出るほど、走りに速度を加えて懸命に走るさま。

146

日 **川口で船を割る**　강 어귀에서 배를 부순다

韓 **다 된 죽에 코 빠뜨린다**　完全に炊けた粥に鼻水垂らす

意味　今一息というところで失敗すること。

解釈 日 航海を終えて、川口の港近くまで来て、船が壊れる意から成功の一歩手前で失敗すること。「港口で船を割る」ともいう。

解釈 韓 食べ物のうえに鼻水を落とすと、食べられなくなってしまうように、ものごとが完成しているところに、意外な支障が生じて大失敗をもたらすときにいうことば。

147

日 **かごの鳥**　바구니안의 새

韓 **목맨 송아지**　首吊った子牛

意味　身の自由が拘束されていることのたとえ。

148

日 **火事場《かじば》の馬鹿《ばか》力《ちから》**　화재 현장의 바보 힘

韓 **젖 먹던 힘이 다 든다**　乳を飲んでいた力まで使う

解釈 日 火事場のような修羅場に直面したとき、人は考えられないような力を発揮するものである。

解釈 韓 根底にある力まで必要とするほどとても大変だということば。

149

日 **稼ぎ男に繰《く》り女**　벌이 잘 하는 남자에게 두름성 있는 여자

韓 **남편은 두레박 여자는 항아리**　夫はつるべで女房は壷

意味　理想的な夫婦。

解釈 日 男は外で一所懸命に働いて一家を養う収入を得、女はそれをうまくやりくりをして生計を立てる。それが夫婦というものである。

解釈 ㊙ 井戸からつるべで水をくみ上げ、壷に移していっぱいにする。夫は外に出て稼いできて女房に渡すと、女房の方はその金を大事に貯めるので、家内繁盛するようになるということ。

150

㊐ **稼《かせ》ぐに追いつく貧乏なし**　부지런히 일하면 따라잡는 가난없다

韓 **구르는 돌은 이끼가 안 낀다**　転がる石には苔《こけ》が生えない

意味　怠らずに一所懸命に働けば生活は豊かになり、その人はけっして貧乏になることはないということ。

解釈 ㊐ 一所懸命に働けば、貧乏が後から追いかけてくることはないということ。

解釈 韓 韓国では、じっと動かないでいる石には苔が生えるが、ころころ転がる石には苔が生えないことのように、人間も動かないと老化して駄目になるといわれる。つまり、働くことの大切さをたとえている。また、一つの仕事に集中できず、色々な仕事に手を出すことによって成功が得られないとの意味にも使っている。「흐르는 물은 썩지 않는다　流水腐らず」、「늘 쓰는 가래는 녹이 슬지 않는다　使う鍬《くわ》は錆《さ》びぬ」、「닦아서 빛 안나는 구슬없다　磨いて光らぬ玉はなし」、「늘 쓰는 가래는 빛이 난다　使っている鍬は光る」ともいう。

151

㊐ **風は吹けども 山は動ぜず**　바람은 불어도 산은 움직이지 않는다

韓 **까마귀 짖어 범 죽으랴**　烏鳴いても虎死なぬ

意味　まわりが騒いでも、少しも動じないこと。

解釈 ㊐ 風がいくら強く吹いても、山はびくともしないで泰然としているさま。

解釈 韓 烏が鳴けば不浄不吉の兆しとし、死の前兆だともいわれているけれども、強くて大きな虎はそんな些細なことに左右されることはないということ。

152

(日) **片肌《かたはだ》を脱ぐ**　　한쪽 피부를 벗다

(韓) **맨발 벗고 나서다**　はだしになって乗り出す

意味　何かのことに積極的に乗り出す。

解釈 (日)　力仕事をする時に着物の片そでを脱いで一方の肩を出すことから他人のことに力を貸すこと。「一肌脱ぐ」、「骨を折る」ともいう。

解釈 (韓)　履物を脱ぐと身も軽やかで積極的に乗り込める。

153

(日) **渇《かっ》して井を穿《うが》つ**　　목이 말라 우물 판다

(韓) **목 마른 놈이 우물 판다**　のどの渇いたものが井戸を掘る

意味　必要にせまられ、慌てて準備しても間に合わないこと。

解釈 (日)　水が無くなりのどが渇いてから、井戸を掘ること。「かわきに臨みて井を掘る」ともいう。「穿つ」は穴を掘るの意。

解釈 (韓)　日本と同じ。「목이 말라야 우물을 판다　渇に臨んで井を掘る」ともいう。

154

(日) **蟹《かに》は甲羅《こうら》に似《に》せて穴《あな》を掘《ほ》る**　게는 등껍데기를 흉내내서 구멍을 판다

(韓) **이불깃 보아서 발 뻗는다**　掛け布団の敷きわらを見てから足を伸ばす

意味　自身の立場と状態によって、行動が決まるという意。

解釈 (日)　人は、自分の身分や力量などに見合った考え方や行動をするものだというたとえ。「蟹は甲に似せて穴を掘る」ともいう。

解釈 (韓) まねかれる結果を思い浮かべながら事前に調べを行ったうえに、事を始める。

155

(日) **金は天下の回り持ち**　돈은 세상을 돌고 도는것

(韓) **발 없는 돈이 천리 간다**　足のない金、千里行く

意味　金はじっとせず、めぐり回るものである。

解釈 (日) 金銭は人手から人手へ、次々とめぐり回る物だということ。多くの金銭を所有する者もいつかはそれを失い、金銭のない者にもいつかはそれが回ってくるということ。「金は世界の回り物」ともいう。

解釈 (韓) 金は足がついていないのに、まるで足があるかのように、どんな遠くにでも (いろいろな人のところに) 自由に歩き回るものだ。金銭があったりなかったりするのは、当然のことだということで、金銭の流動性のたとえ。

156

(日) **壁《かべ》に耳あり**　벽에도 귀

(韓) **낮말은 새가 듣고,**
밤말은 쥐가 듣는다　昼ことばは鳥が聞き、
夜ことばはねずみが聞く

意味　話しというものはよく漏れるもので、言葉づかいには十分に気をつけるべきだ。

解釈 (日) 話というものは、どこで誰に聞かれているかわからず、密談などはとかくもれやすいということ。「壁に耳あり、障子に目あり」ともいう。

解釈 (韓) 口から一旦吐き出したことばは、誰かが必ず聞いているもので、ないしょ話でも漏れないという保証はない。誰もいないところでも、ことばづかいには十分に気をつけることのたとえ。日本では耳を物 (壁) にたとえるが、韓国では動物 (鳥やねずみ) にたとえる。「바람 벽에도 귀가 있다　風の壁にも耳がある」ともいう。

157

㊐ **果報《かほう》は寝て待て**　행운은 누워서 기다려라

㊙ **복은 누워서 기다린다**　福は寝て待つ

意味　幸運は自然にやってくるものである。

解釈 ㊐ 幸運は人の力によるものではなく、自然にやってくるものだから気長く待つべきだ。「果報」は幸せ、幸運の意味。「運は寝て待て」ともいう。

解釈 ㊙ 幸せは皆がほしがるもので、何とかしてつかもうとしているが、実際に幸せというのは、意志とは関係なくいつのまにか、そっとやってくるのだ。

158

㊐ **噛《か》ませて飲む**　씹게 해 마신다

㊙ **옆 찔러 절 받기**　横腹突いてお辞儀を受けること

意味　自分の願うことを相手に働きかけて、その結果、生じたことを味わったり横取りにしたりする。

解釈 ㊐ 他人に咀嚼《そしゃく》させておいて、自分が飲む。つまり成果の横取り。

解釈 ㊙ 相手は思ってもいないのに自分から要求したり、指摘することで良い扱いを受けるという意。

159

㊐ **烏鳴《からすな》きが悪いと人が死ぬ**　까마귀 울음소리가 나쁘면 사람이 죽는다

㊙ **까마귀가 울면 사람이 죽는다**　烏が鳴くと人が死ぬ

意味　烏が鳴くと不吉なことが起こるとのこと。

解釈 ㊐ 昔から烏の鳴き声は人々には好まれていなかったため、烏が鳴くと不吉なことが起こるとされた俗信。「カー」という鳴き声より「ガー」という鳴き声のほうが悪いともいわれている。

解釈 ㊙ 烏が鳴くと不吉なことが起るといわれている。特に群をなして泣き出すと死を予想するが、気味が悪くてそうぞうしい鳴き声と、真っ黒い色が死を意味することから出た。

160

日 **烏の頭が白くなる**　까마귀 머리가 흰색 되다

韓 **배꼽에 노송나무 나거든**　臍にヒノキが生えたら

意味　現実的に起こるはずのないありえないこと、約束できないこと。

解釈 ㊐「烏頭白くして馬角を生ず」ともいう。

解釈 韓「눈썹에 서캐 슬까　尾毛にしらみの卵ができるか」ともいう。

161

日 **借りてきた猫**　꾸어다 놓은 고양이

韓 **꾸어다 놓은 보릿자루**　借りてきて置いた麦ざる

意味　平素とちがい、おとなしく、小さくなっているようす。

解釈 ㊐ 住みなれた場所から移された猫が、心細くなって体を小さくしているようすをたとえたもの。「質に取られた達磨のよう」ともいう。

解釈 韓 大勢の人々が、にぎやかに遊んだりしゃべったりするのに、ただ一人、誰も相手にしないで、片隅で一人寂しく座っていることを言う。昔、韓国では、家のお米や麦など穀物がなくなると、隣りの家から借りてくる。これらの穀物を保管する蔵にもっていかず、家の片隅に置く習慣があったことから始まったことわざである。「줏어온 빗자루　拾ってきたほうき」、「언 수탉 같다　凍えた雄鶏のようだ」、「빌려온 고양이　借りてきた猫」、「들 복판의 한 그루 삼나무　野中の一本杉」ともいう。

162

日 **枯れ木も山の賑わい**　고목도 산의 한 몫

韓 **빰 맞는 데 수염이 한 몫**　頬を打たれるのに頬ひげが一つの扶助

意味　たとえ取るに足りないものであっても、ないよりはいいということのたとえ。

解釈 日　「枯れ木も山の飾り」「枯れ木も森の賑わい」ともいう。

解釈 韓　使い道がないような頬ひげも頬を打たれる場合には痛みを和らげるという意味で、一見何の効果もない物が意外に役立つことを比喩的にいうことば。

163

日 **夏《か》炉《ろ》冬扇《とうせん》**　여름의 화로와 겨울의 부채

韓 **여름의 화로와 겨울의 부채**　夏炉冬扇

意味　用のないもの。時節に合わない無用の物。

解釈 日　暑い夏にいろり、寒い冬に扇子ということで、無用の物のたとえ。「十日の菊、六日の菖蒲」ともいう。

解釈 韓　日本と同じ。「추풍선　秋風扇」ともいう。

164

日 **可愛い子には旅をさせよ**　귀한 자식에겐 여행을 시켜라

韓 **귀한 자식은 매로 키워라**　可愛い子はむちで育てろ

意味　かわいい子を立派に育てるためには、甘やかさず苦しみを味わわせろ。

解釈 日　かわいい子には好きなものを買い与え、甘やかして育てがちである。しかし、かわいい子をたくましく好ましい子に育てたいのなら、親の手元において甘やかさず、苦しい旅をさせて、人生の辛苦を経験させたほうがよいということ。「いとしき子には杖で教えよ」、「かわいい子には打って育てよ」ともいう。

解釈 (韓) 子供を立派に育てるためには甘やかさず、時にはむちを用いて、厳しく育てるべきだということ。各家庭には、教育用のむち（柳などのやわらかい木の枝）が常にあって、子供が悪いことをした時にお尻や足、手などを叩いて、反省させるなどしつけに使っていた。現在も家庭によってはむちを用いる場合がある。ただ頭をたたくようなことは昔からなかった。「귀한 자식 매 한대 더 때리고 미운 자식 떡 한 개 더 준다　かわいい子にはむちを憎い子には餅を」ともいう。

165

(日) **可愛さ余って憎さ百倍**　사랑스러움 남아 미움이 백배

(韓) **정에서 노염이 난다**　情から怒りが生ずる

意味　好感を持つ親しい間柄であっても、憎みや怒りは他人より増すものであるとの意。

解釈 (日) かわいいと思っていた者でも、いったん憎いと思うようになったら、その憎しみは何倍にも強くなるという意。

解釈 (韓) 情が深まると好きな気持ちが大きいためにかえって怒りがよく起こるという意味で、情の深い間柄であるほど礼儀を守るべきだということば。

166

(日) **艱難《かんなん》汝《なんじ》を玉にす**　간난은 그대를 옥으로 만든다

(韓) **초년 고생은 돈 주고 산다**　若いときの苦労は金を渡して買う

意味　苦労は人を成長させる。

解釈 (日) 困難や苦労を重ねることによって、人は成長し大成する。

解釈 (韓) 若いときに苦労するのは、後日のため大変にいいことだから、その苦労をお金で買ってでも体験すべきである。

167		
	(日) **堪忍《かんにん》は一生の宝**	인내는 평생의 보배
	(韓) **참을 인 자 셋이면 살인도 피한다**	忍ぶの「忍」の字が三つあれば殺人も避けられる

意味　我慢することは一生を通じての貴重な徳である。

解釈 (日)　腹が立ってもこらえることができる人は、一生幸福であるということ。「堪忍辛抱は立身の力綱」、「堪忍は無事長久の基」、「堪忍は身の宝」ともいう。

解釈 (韓)　いかにくやしいことがあっても、心のなかに「忍ぶ」の文字を思いながらじっと我慢すれば、危険と過ちから免れることができる。辛抱は美徳で肝心なことだ。「한시를 참으면 백 날이 편하다　ひとときを堪えれば百日が楽になる」ともいう。

계란에도 뼈가 있다
タマゴにも骨がある

昔、黄《ファン》という役人が住んでいたが、大変貧しい生活をしていた。奥さんが稗《ひえ》をつくって、それでなんとか飢えをしのいでいた。ところが黄《ファン》さんはその村でとても才能のあるという評判なのに、何故こんな貧困な生活をしているのか奥さんは不思議に思っていた。ある日、奥さんがその気持ちを夫に打ち明けると、黄《ファン》さんは呪符を書いて四方に投げた。そうすると庭が穀物でいっぱいになった。奥さんはそれを見てとてもうれしくなり、その穀物を家の中に取り入れようとした。黄《ファン》さんはそれを止めさせ、もう一度、呪符を投げた。すると、今度はいっぱいだった穀物がつかの間になくなってしまった。このことで奥さんは大変悲しくなりその場に座り込んで大泣きをした。黄《ファン》さんは奥さんを可哀想に思い、ほかの方法で試すと今度は10個の卵が現れた。「さ、ゆで卵にして食べよう」と卵をゆでて殻を破ると、そこには真っ黒こげになったひよこが入っていた。「ほら、私たちのように運のない人は卵にも骨がある」と言ったそうだ。

き

168

(日) **聞いた百より見た一つ**　듣은 백보다 본 하나

(韓) **백문이 불여일견**　百聞は不如一見

意味　何度も聞いて知ることより、実際に自分の目で見るほうが勝っている。

解釈 (日) うわさ話などで聞いたことより、実際に自分の目を通して見た方が、確実で価値があるということ。「百聞は一見に如かず」ともいう。

解釈 (韓) 何度も聞いて知ることより、実際に自分の目で見るほうが勝っている。

169

(日) **気が衰える**　기가 쇠퇴하다

(韓) **기가 죽다**　気が死ぬ

意味　気が挫けて意気消沈する。

170

(日) **気が触れる**　기가 스친다

(韓) **허파에 바람 들었다**　肺に風が入った

意味　でたらめに振舞ったり無意味に笑いこけたりする人のこと。

解釈 (日) 精神状態が変調をきたす。

解釈 (韓) 日本と同じ。「간에 바람 들었다　肝に風が入った」ともいう。

171

㊐ **聞けば気の毒、見れば目の毒**　들으면 마음 독, 보면 눈 독

㊙ **들으면 병이요, 안 들으면 약이다**　聞けば病気で、聞かねば薬だ

意味　聞かなかったら知らずに済むのに、聞いたせいで災いになるとの意。

172

㊐ **雉《きじ》も鳴かずば撃たれまい**　꿩도 울지 않으면 총에 맞지 않는다

㊙ **봄 꿩이 제 울음에 죽는다**　春の雉が自分の鳴き声で死ぬ

意味　無用の発言をしなければ禍を招かずにすむことのたとえ。

解釈 ㊐　かん高い声で鳴いたばかりに雉は撃たれてしまった。もし鳴かなかったらその場所が知られないから撃たれることもない。余計なことを言ったため災難を招く。

解釈 ㊙　日本と同じ。

173

㊐ **汚く稼いで清く暮らせ**　더럽게 벌어서 깨끗이 지내라

㊙ **개같이 벌어서 정승같이 산다**　犬のごとく稼いで政丞のごとく暮らす

意味　金もうけの仕事には貴賤を問わず一所懸命にし、日々の暮らしは優雅に暮らすとのこと。

解釈 ㊐　稼ぐときは世間体など気にせず、えげつない方法で稼いでも、使うときだけはせめてきれいに使えということ。また、人の嫌がるような職業についていても生活だけはさっぱりとして、不自由なく暮らせという意にも使う。「汚く働いてきれいに食え」ともいう。

解釈 (韓) 高麗時代 (935 年) に今日の大臣にあたるチョンスン (政丞) という階級があって、その階級の人たちは働いた金をきれいに、正々堂々と使ったということから出たことば。金を稼ぐ時には、仕事の質や量を選ばずに、精一杯がんばって、使うときにはチョンスン (政丞) のようにきれいに使うという意。「돈은 더럽게 벌어서 깨끗하게 쓴다　金は汚く儲けてきれいに使う」ともいう。

174

(日) **木に縁りて魚を求む**　나무에 연유하여 물고기를 구한다

(韓) **산에서 물고기 잡기**　山で魚を求む

意味　方法を間違えていては、目的を達することができない。

解釈 (日) 木に登って魚をとることはとうていできないことだ。見当違いな望みを抱くことのたとえ。中国の孟子のことばである。

解釈 (韓) 山に登って、海や川で生きる魚をとることはできない。

175

(日) **絹を裂くよう**　비단을 찢는 듯

(韓) **돼지 멱따는 소리**　豚の喉首を刃物で刺す音

意味　聞き苦しくて非常に大きい声。かん高い悲鳴。

解釈 (日) かん高い悲鳴をあげるさまで、女性が発する悲鳴に対して使う。

解釈 (韓) 豚の喉首を刃物で刺す際、必死で出す声が非常に大きくて聞き苦しいことから始まったことば。

176

(日) **肝をつぶす**　간을 으깨다

(韓) **간이 콩알만해지다**　肝が豆粒の大きさになる

意味　ひどくびっくりするさま。

177

㊐ **客と白鷺《しらさぎ》は立ったが見事**　손님과 백로는 일어서는 것이 예쁘다

㊙ **가는 손님은 뒤꼭지가 예쁘다**　帰る客の後ろ姿はきれい

意味　客の長居をいさめること。

解釈 ㊐　白鷺が立つとき翼を広げてきれいに飛ぶことのように、客は長居せず退散するのが、主人にとっては気持ちいいことだという意。「風呂と客とは立ったがよい」ともいう。

解釈 ㊙　客をもてなすことは非常に気疲れのすることである。すぐ席を立って帰る客の後ろ姿を眺めると、気がせいせいしてくるばかりでなく、ありがたいと思うようになる心情を表すことば。

178

㊐ **窮《きゅう》鼠《そ》猫《ねこ》を噛《か》む**　궁서가 고양이를 문다

㊙ **궁서설묘**　窮鼠齧猫

意味　弱者でも追いつめられると、必死になって強者に反撃する。

解釈 ㊐　追いつめられた鼠は、最後の力をふりしぼって猫にかみつくという意味から、弱者でも追いつめられると必死になって強者に反撃し、苦しめるというたとえ。

解釈 ㊙　日本と同じ。

179

㊐ **漁《ぎょ》夫《ふ》の利《り》**　어부의 이익

㊙ **어부지리**　漁夫之利

意味　二者が争っているときに、第三者が入って労せずに利益を得ること。

解釈 ㊐　しぎ(鴫)とはまぐり(蛤)が争っているところに漁夫が来て、両方を一度に捕まえたということで、中国の故事による。

解釈 ㊙韓 日本と同じ。

180		
	日 **木を見て森を見ず**	나무를 보고 숲을 보지 않는다
	韓 **발등에 떨어진 불만 보고 염통 곪는 것은 못 본다**	足の甲に落ちた火だけを見て心臓が化膿するのは見抜けない。

意味 部分にとらわれて、全体を見ようとしないことの意。

解釈 日 一本一本の木に注意を奪われて、森全体を見ようとしないことから、部分にこだわって大局的に見ようとしないことのたとえ。

解釈 韓 目に見えることにだけ気をとられ、目に見えない大事なことを見過ごしてしまうとの意。「손톱 밑에 가시 드는 줄은 알면서 염통 밑에 쉬 스는 줄은 모른다　爪の下に棘があるのは知っていても心臓の下が痛むのは知らない」ともいう。

く

181

㊐ **食うことは今日食い、言うことは明日言え**　먹는 것은 오늘 먹고 말하는 것은 내일 말해라

㊗ **하고 싶은 말은 내일 하랬다**　しゃべりたいことばは明日しゃべろと言った

意味　話は時間をおいて真剣に考えてから話すことだ。

解釈 ㊐　うまい物を食べるのは早いほうが良いし、言うことは先にのばしたほうが間違いないという意。

解釈 ㊗　しゃべりたいことがあれば十分に考えてからしゃべらないと間違いが起こり得るという意。

182

㊐ **食うや食わず**　먹는둥 마는둥

㊗ **똥구멍이 찢어지게 가난하다**　肛門が裂けるほど貧しい

由来は 210 ページを参照

意味　生計を維持するのに非常に困難な状態で、家計が貧しいことをいう。

解釈 ㊐　食事を摂ったり摂らなかったりする状態ということで、非常に貧しくかろうじてその日その日を送っている状態。

解釈 ㊗　食べ物を疎かにして体がやつれ、尻の肉がなくなったために肛門が裂けるほど貧しいということばが生まれた。「엉덩이에서 비파소리가 난다　尻で琵琶の音がする」ともいう。

183

㊐ **臭いものにふたをする**　냄새나는 곳에 뚜껑 덮다

㊗ **곪은 염통이 그냥 나을가**　化膿した心臓がただで治るか

意味　悪事を一時的に隠したり（日本）、悪事を隠すけどその正体は次第に現れる（韓国）ことのたとえ。

解釈 ㊐ 不正や凶悪な事実が世間に知れないように、一時しのぎの手段で覆い隠すことのたとえ。

解釈 ㊙韓 既に化膿してしまった心臓を放置しておいたら治るどころか炸裂してしまうという意味で、誤って行ったことはどんなに覆いかぶせても結局は表れるということを比喩的にいうことば。

184

㊐ **腐っても鯛《たい》**　썩어도 도미

韓 **물어도 준치 썩어도 생치**　脆くても俊魚、腐っても生雉子

意味　優れた価値を持っているものは、いたんで無駄になったようでも、やはりそれだけの価値があるということ。

解釈 ㊐ 鯛の骨は古くなっても元の形を整えている。「ちぎれても錦」「沈丁花は枯れても芳し」ともいう。

解釈 韓 俊魚は、小骨が多いが身のしまった味のよい海の魚であるし、雉子の肉のおいしさも有名である。これらは、脆くなっても、腐っても元のうまみには変化がないということで、すぐれたものは古くなっても、形が変わっても本来の素晴らしさに変わりがないことのたとえ。「生雉子」は、料理をしていない雉子。「썩어도 도미　腐っても鯛」、「말똥을 놓아도 손맛이더라　馬の糞を置いても手の味だ」ともいう。

185

㊐ **口では大阪の城も建つ**　입으로는 오사카 성도 쌓는다

韓 **입으로는 만리장성도 쌓는다**　口では万里の長城も建つ

意味　ことばだけなら、いくらりっぱなことでも言えるというたとえ。

186

㊐ **口と心とは裏表**　입과 마음은 속과 겉

韓 **혀가 깊어도 마음 속까지는 닿지 않는다**　舌が深くても心の中までは着かない

口と腹とは違う

意味　言行と心の内とは異なり、別ものである。

187

(日) **口と腹とは違う**　입 다르고 배 다르다

(韓) **속 각각 말 각각**　心とことばは別

意味　外見と心は一致しない。

解釈 (日) 口でいうことと心の中で考えていることとは別である。「口は口、心は心」「舌三寸、胸三寸」ともいう。

解釈 (韓) 心に含んでいることとことばにして表現することは違う場合もあって、表と裏は必ずしも一致するとはいえないという意。

188

(日) **口に蜜あり、腹に剣あり**　입에 꿀 있고 배에 검 있다

(韓) **앞에서 꼬리 치는 개가 후에 발뒤꿈치 문다**　前で尻尾を振る犬が後にかかとを噛む

意味　表ではことば巧みに機嫌を取るが、見えないところでは悪口をいい、邪魔をするという意。

189

(日) **口は口、心は心**　입은 입 마음은 마음

(韓) **말과 행동은 별개다**　ことばと行動は別である

意味　言行と心の内とは異なり、別ものである。

190

(日) **口は心の門**　입은 마음의 문

(韓) **입은 마음의 문**　口は心の門

意味　心に思っていることはとかく口に出して言いがちである。ことばには十分に気をつけようとの意としても用いる。

191

㊐ **口ばしが黄色い**　부리가 노랗다

㊩ **입에서 젖내가 난다**　口から乳の匂いがする

意味　年が若く経験に乏しくて未熟であること。

解釈 ㊐ 鳥類の雛のくちばしが黄色いことから、成熟していないことのたとえ。

解釈 ㊩ 乳児はまだ消化器官が成長段階であるため、栄養が豊富で消化しやすい乳を飲ませるので口から乳の匂いがする。年が若くて経験が乏しいことをいう。悔史記 (高祖本紀) から口がまだ乳臭いが引用されている。「이마에 피도 안 마르다　額に血も乾いていない」ともいう。

192

㊐ **口は虎、舌は剣**　입은 범, 혀는 검

㊩ **입은 비뚤어져도 말은 바로 하여라**　口は歪んでも ことばは正しく言え

意味　ことばは正直で、正しくいうべきだという意。

193

㊐ **口は禍《わざわい》の門《かど》**　입은 재앙의 문

㊩ **입은 화와 복이 드나드는 문이다**　口は禍と福の出入口だ

意味　うっかり言ったことばが思いがけない禍を招くことがあるから、不用意にものを言ってはならないとの意。

解釈 ㊐ 不用意に言ったことばが、あとで災難を招くもとになったりするので、ものをいうときは気をつけようといういましめ。「口は禍の元」、「舌は禍の根」ともいう。

解釈 ㊩ ことばを誤ってしゃべったら禍を招き、ことばを正しく使うと幸せが訪れるという事で、口は使いようによって変わるとの意。

194

(日) **口より手が早い** 입보다 손이 빠르다

(韓) **주먹은 가깝고 법은 멀다** 拳骨は近くて法は遠い

意味 筋道を正す前に腕力を使うということば。

解釈 (日) 興奮するような問題に対し、心を落ち着かせたうえで話を以って解決する先に、感情的になり暴力を振るうという意。

解釈 (韓) 悔しいことがある時、法に訴えるのを後回しにして、まず拳骨を振舞うという意。

195

(日) **口を極めて** 입을 더없이

(韓) **입에 침이 마르도록** 口のつばが乾くほど

意味 極めて、最大級のことばでいう。ことばを尽くす。

196

(日) **口を糊《のり》する** 입에 풀칠하다

(韓) **입에 풀칠을 하다** 口に糊付けをする

意味 食べるだけで精一杯の乏しい生活をする。

197

(日) **靴を隔てて痒《かゆ》きを掻く** 구두 위에서 가려운 데를 긁는다

(韓) **목화 신고 발등 긁는다** 木靴を履いて足の甲を掻く

意味 心が満足に至らず、すっきりしない。

解釈 (日) 靴を履いたまま痒いところを掻くことはできないように、ものごとが思うようにいかず、もどかしく、はがゆいことをたとえていう。「隔靴掻痒」ともいう。

解釈 (韓) 韓国では、昔、貴族が正装の時には木靴を履いたが、この木靴は鹿の皮でつくった長靴のような形をしていた。足が痒くて靴の上から掻いても靴の皮が厚いので用が足りない。

198

㊐ **首を長くする**　목을 길게 하다

㊖ **눈 빠질 노릇**　目が抜けそうなこと

由来は 150 ページを参照

意味　事の到来を今か今かと心待ちする。

解釈 ㊐　首を長くして待ち焦がれる。「首を伸ばす」、「鶴首」ともいう。

解釈 ㊖　日本と同じ。「눈 빠지게 기다린다　目が抜けるほど待つ」ともいう。

199

㊐ **雲に架け橋**　구름에 놓은 다리

㊖ **하늘에 별 따기**　天の星摘み

意味　とてもかなえられそうもない高い望み。

解釈 ㊐　空中に浮ぶ雲に橋をかけること。現実に不可能なこと。

解釈 ㊖　空に光っている星を、人が上って手で摘む。可能性のないことに、どんなに努力を注いでも、実現性がなくて無駄に過ぎないこと。

200

㊐ **苦しいときの神頼み**　급할 때 하느님 찾기

㊖ **급하면 관세음보살을 왼다**　急ぐと観世音菩薩を唱える

意味　危ない目に会うと、急に神の保護を求める。

解釈 ㊐　普段は神を拝んだことのない不信心な者が、思い通りにならないで困ったときに、神の助けを得ようとして懸命に祈ること。

解釈 ㊖　平素、念頭に入れず過ごしていたことが、突然危ない目にあうと、必死になって観世音菩薩を唱え、仏様の加護を求めること。

송편으로 목을 따 죽지
中秋の餅(ソンピョン)で首を刺されて死ぬ

　科挙のためにソウルへ向かう学者がある田舎の村に着いた。その村で、鎌の形ににている「ㄱ」という字も知らない（「いろは」の「い」の字も知らぬ）金持ちに出会った。金持ちは誰かに適当に書いてもらった柱聯を見ながら筆法が立派だと口の唾が乾くほど絶賛していた。それを見ていた学者は、「ご主人様、これはただ筆遊びをしただけですよ。」「何ですって？ この柱聯は天下の名筆ハンソッポンの字体と似ていると皆が話していたよ」「その皆というのは一体どんな人ですか？」と学者はあきれて聞いた。「私が金を貸した人々です。」学者はあきれ返って言った。「自分の名前も書けない人が名筆を論じるなんて中秋の餅で首を刺されて死ぬことのようだ。」

け

201

㊐ **鯨飲《げいいん》馬《ば》食《しょく》**　경음마식

㊙ **등으로 먹고 배로 먹고**　背中で食べて腹で食べて

意味　あれこれ区別せずなんでもよく食べるという意。

解釈 ㊐ 鯨が海水を飲んだり、馬が飼葉を食べたりするように、たくさんの酒を飲み、たくさんの食べ物を食べることのたとえ。

解釈 ㊙ 食べ物は口で食べるものなのにそれだけでは足らず、背中や腹で食べる。色々なものをたくさん食べるとの意。

202

㊐ **芸は身を助ける**　예술은 몸을 돕는다

㊙ **발바닥을 하늘에다 붙인다**　足の裏を空に付ける

解釈 ㊐ 一芸に秀でていれば、それが生計の助けとなる。

解釈 ㊙ 手を土地に付けて逆に立つという意味で、人が持っていない特別な妙技を披露するということを比喩的にいうことば。

203

㊐ **怪我の功名**　과오의 공명

㊙ **전화위복**　転禍為福

意味　禍がかえって福を招くこと。

解釈 ㊐ 過ちや災難と思われたことが、思いがけなくよい結果をもたらすこと。また、なにげなくしたことが偶然にもいい結果になること。「功名」は、もとは「高名」で手柄の意。「過ちの功名」、「禍いを転じて福となす」ともいう。

解釈 ㊙ 災いとなって身に振りかかってきた事柄をうまく変え、かえって幸せになるよう取り計らうこと。「화를 복으로 만든다　禍いを転じて福となす」ともいう。

204

(日) **袈裟《けさ》で尻をぬぐう**　가사로 엉덩이를 닦는다

(韓) **새 바지에 똥 싼다**　新服に大便を漏らす

意味　物事にけじめをつけず、だらしのないことをする。

解釈 (日) 貴い袈裟で汚い尻を拭く意から、貴いものを卑しいことに使う。物事へのだらしないことをいう。「袈裟で尻を拭く」ともいう。

解釈 (韓) せっかく新しい服を与えたら大便を漏らして汚すことから、憎いことばかり選んでやっていることのたとえ。

け

205

(日) **けつが青い**　엉덩이가 푸르다

(韓) **대가리의 피도 마르지 않았다**　頭の血も乾いていない

意味　年齢が若くて経験が不足していることのたとえ。

解釈 (日) 黄色人種の子供の尻に青色の斑紋が見られるところから、年が若くて経験が浅いことのたとえ。「くちばしが黄色い」ともいう。

解釈 (韓) 生まれるとき付いた血が乾いていない赤ん坊のように、とても幼いとの意「대가리의 딱지도 아직 떨어지지 않았다　頭のかさぶたもまだ落ちていない」ともいう。

206

(日) **犬猿《けんえん》の仲**　견원의 사이

(韓) **개와 고양이**　犬と猫

意味　仲のよくない間柄。性質が正反対で合わない間柄。

解釈 (日) 犬と猿は仲がわるく、目を合わせただけで喧嘩をする。「水と油」とも言う。

解釈 (韓) 犬と猫が出会うと機嫌が悪くなり、はげしく喧嘩をする。「장비는 만나면 싸움　張飛はあえば喧嘩」、「개와 원숭이 사이

犬猿の仲」ともいう。

207

(日) **喧嘩過ぎての棒ちぎり**　싸움 끝에 몽둥이

(韓) **행차 뒤에 나팔**　お出かけ後のらっぱ

由来は 253 ページを参照

意味　時期に遅れて何の役にも立たない。

解釈 (日)　喧嘩がすんだあとで、棒を持ち出しても役に立たない。「棒ちぎり」は護身用の棒。「争い果ててのちぎり木」「後の祭り」ともいう。

解釈 (韓)　韓国では、昔、王様やそれに準ずる偉い人がお出かけになるとき、らっぱなどを吹いて、回りの人が迎える準備をするよう合図をした。しかし、用事が終わってからの合図は何の意味もないことから、無駄な行為となる。

208

(日) **喧嘩に負けて妻の面を張る**　싸움에 지고 마누라 얼굴을 갈긴다

(韓) **화난 김에 돌부리 찬다**　怒ったついでに石先を蹴る

意味　鬱憤晴らしをなんの関係もない対象に、むやみにするという意。

解釈 (日)　喧嘩に負けた鬱憤を自分より弱い妻の顔を殴って晴らす。

解釈 (韓)　日本と同じ。「화난다고 돌을 차면 제 발부리만 아프다　怒ったついでに石先を蹴ると自分の足だけが痛む」、「밖에서 빰맞고 온돌방에 누워 이불 찬다　外で頬を打たれてから、オンドルの上に寝転んで掛け布団を蹴る」ともいう。

209

(日) **健康は富にまさる**　건강은 부보다 낫다

(韓) **삼정승 부러워 말고 내 한 몸 튼튼히 가지라**　三政丞(昔の高級政治家の職名)をうらやましがらず自分の体を丈夫に持ちなさい。

意味　健康が一番大切だから欲を張らないで、体の健康に注意しろという言。

解釈 ㊐　どんなに富んでいても、体が弱くては楽しい幸福な生活を送る事ができない。

解釈 ㊙　三政丞とは昔の高級政治家の職名で、三政丞になるという欲を捨てて、自分の体の健康のために、まず励むべきだという意。

け

210	㊐ **賢者は長い耳と短い舌を持つ**	현자는 긴 귀와 짧은 혀를 갖는다
	㊙ **귓구멍이 나팔통 같다**	耳の穴がラッパ筒のようだ

意味　助言や忠告などの人の話に耳を傾ける。

解釈 ㊐　賢い者は人の話を良く聞き、自分の考えばかりしゃべらないものである。

解釈 ㊙　助言や忠告など、人のいうことをよく聞く。「귓문이 넓다　耳の穴口が広い」ともいう。

211	㊐ **健全なる精神は健全なる身体に宿る**	건전한 정신은 건전한 신체에 머문다
	㊙ **건전한 정신은 건전한 신체에 있다**	健全なる精神は健全なる身体にある

意味　健康な肉体があってこそ初めて健康な考え方が生まれる。

212	㊐ **見目より心**	견목보다 마음
	㊙ **견목보다 마음**	見目より心

意味　人は、見た目の美しさよりも心の美しさのほうが大切であるという意。

こ

213

㊐ **恋の病に薬なし**　사랑병에 약은 없다

㊊ **상사병에 약은 없다**　相思病に薬なし

意味　恋の病にはそれを治す薬がない。

解釈 ㊐ 恋が原因で生まれた病は、病気でないからどんな薬を飲んでも治らない。

解釈 ㊊ 韓国でも日本と同じ意味として、相思病には薬がないといっている。韓国では恋の病を相思病という。

214

㊐ **恋は盲目**　사랑에 눈이 멀다

㊊ **눈먼 사랑**　盲目の愛

意味　恋は人を夢中にさせ、理性や常識を失わせるものである。

解釈 ㊐ 恋に陥ると、目が見えなくて何もわからないように、人は理性を失い、分別をなくし、他の物事がまったく見えなくなってしまうものである。「恋の闇」ともいう。

解釈 ㊊ 日本と同じ。

215

㊐ **光陰《こういん》矢《や》の如し**　광음속 화살과 같다

㊊ **세월은 화살같다**　月日は矢の如し

意味　光は日、陰は月の意で月日の過ぎるのは矢が飛ぶように早い。月日が経つのが早いことの意と、いったん過ぎ去ってしまった月日は飛び去った矢が戻って来ないように、再び戻っては来ないとの意。

解釈 ㊐「三日見ぬ間の桜」ともいう。

解釈 ㊙「세월이 유수와 같다　月日は流水の如し」ともいう。

216

㊐ **巧言令色《こうげんれいしょく》鮮《すくな》し仁《じん》**　교언 영색은 인이 적다

㊙ **군말이 많으면 쓸 말이 적다**　無駄口が多いと使うことばが少ない

意味　言葉巧みに口数が多いのは真実に欠ける。

解釈 ㊐ ことば巧みにものを言い、愛想がいいのは、たいてい本当の徳たる仁の心にかけているものだ。

解釈 ㊙ 言わなくてもいいことをあれこれたくさんしゃべると、その分使うことばが少なくなるのを戒めることば

217

㊐ **孝行のしたい時分《じぶん》に親は無し**　효행하고 싶을 때 부모없음

㊙ **잔병에 효자 없다**　頻繁な病気に親孝行の子はいない

解釈 ㊐ 親孝行は親が元気なうちにせよ、との意。最近は少子高齢化社会になって「孝行はしたくないのに親がいる」と笑えないパロディーもある。

解釈 ㊙ どんな親孝行者でも親がしょっちゅう病気を患っていると、時には不実になることもあるとの意。

218

㊐ **弘法にも筆の誤り**　홍법에게도 붓의 과오가 있다

㊙ **원숭이도 나무에서 떨어진다**　猿も木から落ちる

意味　どんなにその道の名人達人であっても、時には失敗することがある。

解釈 ㊐ 平安時代、書道の名人であった弘法大師でも、時には書き損

じをすることがある。「河童の川流れ」、「猿も木から落ちる」ともいう。

解釈 ㊌ 木登りがとても上手な猿でも、時には失敗して木から落ちることがあるということから、人間も、その道の達人であっても失敗や誤りはあるとのたとえ。「입안의 혀도 깨물 날이 있다　口の中の舌も噛む時がある」ともいう。

219

㊐ **虎《こ》穴《けつ》に入らずんば虎子を得ず**　호랑이 굴에 들어가지 않고는 호랑이 새끼를 잡지 못한다

㊌ **산에 가야 범을 잡지**　山に行けばこそ虎を捕まえる

意味　大変な危険を冒さなければ功名を得ることはできない。

解釈 ㊐ 日本には虎がいないので、中国からのことわざをそのまま使っている。虎の住む洞穴に危険を冒して入らなければ、虎の子を捕まえることはできない。身の安全ばかり考えていたのでは目的を達することはできない。「枝先に行かねば熟々は食えぬ」ともいう。

解釈 ㊌ 朝鮮時代(江戸時代)まで、実際に深い山に行けば虎がいたので、その恐ろしい虎から生まれたことわざである。危険だからといって恐れてばかりいたのでは成功はしない。時には、危険を承知で行動することも必要である。「눈을 떠야 별을 보지　目を開けなきゃ星は見えぬ」「거미도 줄을 쳐야 벌레를 잡는다　蜘蛛も糸を張らねば虫を取らぬ」「바다에 가야 고기를 잡지　海に行ってこそ魚が取れる」「임을 보아야 아이를 낳지　彼氏にあわねば子は孕まぬ」「죽어 보아야 저승을 알지　死ななければあの世はわからぬ」「호랑이 굴에 가야 호랑이 새끼를 잡는다　虎穴に行ってこそ虎子を捕まえる」ともいう。※虎は韓国の建国神話に登場するのを始めとして昔話、故事、ことわざなどにも多く出ている。1988年ソウルオリンピックのマスコットとしても広く知られ、大変親しみのある動物である。

220

㊐ **虎口《ここう》を逃れて龍穴に入る** 호구를 벗어나 용혈에 들어간다

㊙ **산 넘어 산이다** 山越えて山だ

意味 災難が次々にくること。

解釈 ㊐ ようやく恐ろしい虎の前から逃げ出せたと思ったら、今度は同じように怖い龍の住んでいる穴にはいりこんでしまう。「虎口」はきわめて危険な所。「一難去ってまた一難」ともいう。

解釈 ㊙ 高くて険しい山を苦労しながら、やっと越えて一息つこうとしたら、目の前にまた山があるということで、仕事がうまくいかないことや苦労が連続することをたとえている。「태산 넘어 또 태산　泰山越えまた泰山」ともいう。

221

㊐ **心も軽く身も軽く** 마음도 가볍고 몸도 가볍고

㊙ **마음이 즐거우면 발도 가볍다** 心が楽しいと足も軽い

意味 気に入ることは考えるだけでも嬉しくなり、それを行動に移すとさらに体の動きも軽やかになるという意。

222

㊐ **心を鬼にする** 마음을 도깨비로 하다

㊙ **마음을 강하게 가진다** 心を強く持つ

意味 人情にほだされぬようつとめて気強く筋を通す。

223

㊐ **乞食《こじき》を三日すれば やめられぬ** 거지생활 사흘하면 그만둘 수가 없다

㊙ **거지생활 사흘하면 정승판서도 부럽지 않다** 乞食を三日すれば 高官職も羨ましくない

意味　いったん身についた怠けぐせは、なかなか抜けにくい。

解釈 日　気楽な乞食の生活を三日もやってその味をおぼえると、もう止められなくなる。人に頼る怠けた性癖、労せずに過ごすことのできる気楽な生活は、なかなか抜けにくいことのたとえ。また、習慣は恐ろしいことのたとえ。「三年乞食すれば生涯忘れられぬ」ともいう。

解釈 韓　仕事からくる苦労や心配、悩みなどのない楽な乞食生活に慣れると、世間の人がなりたがって羨ましく思う高い官職でさえもちっとも羨ましく思わないようになり、乞食の道から抜け出すことはなかなかできなくなるということ。

224

日 **五十歩百歩**　오십보 백보

韓 **도토리 키재기**　どんぐりの背比べ

意味　その立場や状態がそんなに変わらないさま。

解釈 日　戦場で五十歩退却した者も、百歩退却した者も臆病で逃げたことに変わりはない。「どんぐりの背比べ」ともいう。

解釈 韓　どんぐりの形や大きさがほぼ同じであることから、形や状態に大した差はなくてよく似ているさまをいう。「오십보 백보 五十歩百歩」ともいう。

225

日 **胡蝶の夢**　나비 꿈

韓 **비몽사몽**　非夢似夢

意味　夢なのか現実なのか、その区別がはっきりしないこと。

解釈 日　夢と現実の区別がはっきりしないことや人生のはかないことのたとえ。「胡蝶」はちょうちょうのこと。「南柯の夢」ともいう。

解釈 韓　夢の中にいるのか現実にいるのか、はっきりしていなくてもうろうとしている状態をいう。自分に信じ難い嬉しいことや悲しいことが起こった時や、睡眠不足でうとうとしている時、あるいは非常に体が疲れて精神がはっきりしない時に使う。

226

㊐ **ことば多き者は品少なし**　말 많으면 품위가 떨어진다

㊙ **말이 많으면 실언이 많다**　口数が多いと失言が多い

意味　ことばのしゃべりすぎは望ましくない。

解釈 ㊐ ことばの多い者は品性の少ないものである

解釈 ㊙ ことばをたくさんしゃべることにより、かえ(却)って間違ったことをつい口に出す場合があるという意。

227

㊐ **ことば尻を捕らえる**　말꼬리를 물고 늘어지다

㊙ **말꼬리를 물고 늘어지다**　ことば尻を捕らえる

意味　相手が言い損なったり、言い方が適切でなかったりしたささいな部分をとりあげてとやかくいう。

228

㊐ **ことばは心の使い**　말은 마음 씀씀이

㊙ **말 속에 뼈가 있다**　ことばの中に骨がある

意味　ことばにはいう人の心が含まれている。

解釈 ㊐ ことばは心に思うことを発表する道具である。

解釈 ㊙ 通常にしゃべっていることばの中に話をする者の真意が含まれているとのこと。

229

㊐ **子供喧嘩が親喧嘩**　아이 싸움이 부모 싸움

㊙ **아이 싸움이 부모 싸움 된다**　子供の喧嘩が親の喧嘩になる

意味　子供の喧嘩だったのが大人の喧嘩にまで拡大すること。

解釈 ㊐ 子供同士の喧嘩に親が干渉するのをそしっていう。大人げないことを言う。「子供の喧嘩に親が出る」ともいう。

解釈 ㊙ 始めのうちは、子供同士の喧嘩だったのに、ついにはその親や大人まで現れて、是非を論じ合って喧嘩となる。

230

㊐ **小《こ》糠《ぬか》三合持ったら養子に行くな**　살겨 세 홉이면 양자로 가지 말라

韓 **겉보리 서 말이면 처가살이 하랴**　穀麦三升あるなら入り婿するな

意味　男はよほどのことがない限り、婿入りなどするものではない。

解釈 ㊐ 男は一所懸命に力を貯めて、独力で一家を立てるべきだということ。養子は気苦労が多いから財産がわずかでもあったら、行かない方がいい。「来ぬか来ぬかと三度言われても婿と養子には行くな」ともいう。

解釈 韓 皮をむいていない麦を三升程度持っているなら、つまりごくわずかな財物があるならば、妻の実家で暮らす厄介なことはしないほうがいいということ。妻の家で暮らすと妻の味方の人がどうしても多く、妻の言い分や権力が強くなり、家の主人である夫の肩身が狭くなる。家庭をうまくつくるためには妻の実家には入らない方がよいということ。

231

㊐ **ごまめの歯ぎしり**　마른 멸치 새끼의 이 갈기

韓 **콧구멍에 낀 대추 씨**　鼻の穴に挟まったナツメの種

意味　小さくて無力なものが悔しがること（日本）や非常に小さくてつまらないもの（韓国）のたとえ。

解釈 ㊐「ごまめ」とはカタクチイワシを干した食品。小さくて力の無い者が悔しがることにいう。

解釈 ㊙ 非常に小さくてつまらない物を比喩的にいうことば。

232

㊐ **米の飯に骨**　쌀밥에 뼈

㊙ **만 밥에 침 뱉기**　汁かけ飯に唾を吐くこと

意味　非常に意地悪いことをいうことば。

解釈 ㊐ おいしい米の飯に骨が入っていておいしさを損なっていること。表面は親切に見えても裏面は悪意があるということ。

解釈 ㊙ 汁かけ飯を食べようとしたら唾を吐いて台無しにするということから、出来上がりに害を与えたり、悪意から物事を台無しにしたりするとのたとえ。

233

㊐ **転ばぬ先の杖**　쓰러지기 전의 지팡이

㊙ **유비무환**　有備無患

意味　失敗しないように、あらかじめ用意をしておく。

解釈 ㊐ 転ぶようであるなら失敗しないように、杖で支えて転ばないように予防すること。「石橋を叩いて渡る」、「備えあれば患いなし」ともいう。

解釈 ㊙ 経験や知識などをもとに起こりそうなことを予想し、前もって準備しておけば、何が起きようと心配をすることがない。「준비 있으면 걱정 없다　備えあれば患いなし」ともいう。書経のことば。

234

㊐ **昆布に山椒**　다시마에 산초

㊙ **입에 맞는 떡**　口に合う餅

意味　相性の良いもの、取り合わせの良いもののたとえ。

뒷구멍으로 호박씨 깐다
肛門でかぼちゃの種の皮を剥ぐ

昔、非常に貧しい学者がいた。彼は勉強ばかりで家庭のことはぜんぜん気にしていなかった。

ある日、妻は何かを食べようとしたら、夫が帰ってきたのであわてて後ろに隠した。学者は自分に内緒で騙して何かを食べようとした妻に対して、不快感を抱きながら、隠したものは何かと追及した。すると妻は泣き顔になって話した。

部屋に一粒のかぼちゃの種が落ちていて、それを食べようとした。しかし、殻だけだったと。学者は妻のこの話を聞いて悲しくなって涙だけを流した。

こういう話から、人が知らないことをこっそりとやるのを喩えて「肛門でかぼちゃの種の皮を剥ぐ」と言うことわざが生まれた。

さ

235

㊐ **才余りありて識足らず**　재능은 많지만 상식은 부족하다

㊙ **힘 많은 소가 왕 노릇 하나**　力持ちの牛であっても王の役目は出来ぬ

意味　才気と見識の調和（日本）や智恵と腕力の調和（韓国）が欠けていること。

解釈 ㊐　学力はあるが常識のない人。

解釈 ㊙　頭を使って取り組まないと、腕力だけを持っては成功するのは難しいとの意。力だけでは大衆を動かすことはできない。

236

㊐ **歳月人を待たず**　세월은 사람을 기다리지 않는다

㊙ **세월은 사람을 기다리지 않는다**　歳月人を待たず

意味　時は人の都合に関わらず刻々と過ぎて行く。

解釈 ㊐　年月は、人の都合や願いにあわせることなく冷静に刻々と過ぎ去り、一刻もとどまることはない。「歳月」は年月の意。

解釈 ㊙　日本と同じ。

237

㊐ **才子才に倒れる**　재자는 제 재주에 쓰러진다

㊙ **헤엄 잘 치는 놈 물에 빠져 죽는다**　泳ぎのうまいやつが水に溺れ死ぬ

意味　才能のある者は、自分の才を過信しすぎてかえって失敗しがちだ。

解釈 ㊐　優れた才能を持っている人は、その才能や学問を過信するあまり、かえって失敗し勝ちであるという意。「才知は身の仇」ともいう。「才子」は才能のすぐれた人の意。

解釈 ㊙韓 水中を自由自在に泳ぎ回るものは、自分の実力を過信し油断することによって、泳いでいるうちに溺れ死ぬ。得意な技の持ち主も油断をすれば災いを招き、身を滅ぼすことになるというたとえ。

238

日 **逆立ちしても追いつけない**	물구나무서도 따를 수 없다
韓 **발을 벗고 따라가도 못 따르겠다**	裸足でついて行っても追いつけない

意味 手段や方法を問わず、一所懸命について行こうと努力しても、なかなかついて行けないという意味で、能力や水準の差が大きくて競争にならないことのたとえ。

239

日 **酒買って尻切られる**	술 사고 엉덩이 찍힌다
韓 **낯익은 도끼에 발등 찍힌다**	慣れた斧に足の甲を切られる

意味 好意を抱いたり信じていたりした人から、害を被るということば。

解釈 日 酒を買ってご馳走してやった相手に、酔ったあげく尻を切られた意から、好意をほどこした相手から、逆に損害を被ることのたとえ。「酒盛って尻切られる」ともいう。

解釈 韓 長い付き合いで信じていた人から、害を受けるということ。「믿는 도끼에 발등 찍힌다　信じていた斧に足の甲を切られる」「발등 찍힌다　足の甲を切られる」ともいう。

240

日 **酒と朝寝は貧乏の近道**	술과 늦잠은 가난이다
韓 **술과 늦잠은 가난이다**	酒と朝寝は貧乏の近道

意味　酒を節度も無くむやみに飲んだり、朝寝をして仕事を不誠実にすると、すぐ貧乏になる。

241

㊐ **酒は本心を現わす**　술은 본심을 드러낸다

㊙ **취중에 진담 나온다**　酔中に真談が出る

意味　人は酒に酔うと、普段隠れている本性をさらけ出す。

解釈 ㊐　酒を飲んで酔うと普段抱いていた胸の内のことをしゃべってしまう。そこで本心が知れるということ。酒を飲んであらわす性質は、酒を飲まないときの性質と同じであるということ。「酒の中に真あり」ともいう。

解釈 ㊙　酒に酔っても話の内容にはまことがあるということ。「외모는 거울로 보고 마음은 술로 본다　外貌は鏡で知り心は酒で知る」ともいう。

242

㊐ **去る者は日々に疎し**　떠나버린 사람은 날이 갈수록 소원해진다

㊙ **눈이 멀면 마음도 멀어진다**　目が遠ければ心も遠くなる

意味　人間関係は、離れていると薄れるものである。

解釈 ㊐　いったん遠ざかってしまうと、親しかった友人でも、その友情が薄れるということ。死んだものも同じで、月日がたつにつれて忘れられてしまうものである。「遠くなれば薄くなる」ともいう。

解釈 ㊙　目を通して、相手を見つめながら付き合うもので、相手と離れて暮らすようになったら、心まで次第に離れてしまうということ。

243

㊐ **三十六計逃げるにしかず** 삼십육계에 줄행랑이 으뜸이다

㊕ **삼십육계에 줄행랑이 으뜸이다** 三十六計逃げるにしかず

意味 三十六計とは中国の兵法、中でも困った時は逃げるが一番とされたことから、急いで逃げなければならないとの意。

解釈 ㊕「脚よ、私を助けて 다리야 날 살려라」ともいう。

244

㊐ **山椒は小粒でもぴりりと辛い** 산초는 알이 작지만 얼얼하게 맵다

㊕ **작은 고추가 맵다** 小さい唐辛子が辛い

意味 質の優劣はものの大小によるものでない。

解釈 ㊐ 山椒の実は、小さいけれど非常に辛いことから、身体が小さな人でも、気力、才能が優れていてあなどることができないたとえ。「山椒は小さいほど辛い」ともいう。

解釈 ㊕ 唐辛子は、通常辛いというイメージがあり、大きければ大きいほど辛さが強いように思われるが、意外にも、小さい唐辛子の方がもっと辛いことから、形や体が小さくても大きいものに劣らず優れている。「키는 작아도 담은 크다 背は低くても胆は大きい」ともいう。

245

㊐ **山中の賊を破るは易く心中の賊を破るは難し** 산중의 도적 잡기는 쉬우나 심중의 도적 잡기는 어렵다

㊕ **산속에 있는 열 놈의 도둑은 잡아도 맘속에 있는 한 놈의 도둑도 못 잡는다** 山中にいる十名の泥棒は捕まえられるけど、心の中にいる一名の泥棒は捕まえられない

意味 一旦自分の胸中に出来た良くない考えを自ら直すことは、非常に難しいとの意。

し

246

㊐ **塩辛食おうと水を飲む**　젓갈 먹으려고 물마신다

㊊ **눈치가 빠르면 절에 가도 젓갈을 얻어 먹는다**　気が利けば寺に行っても塩辛を食べさせてもらう

意味　塩辛を以って、手回しの良すぎさに関する否定(日本)や機転が利くことの肯定(韓国)のたとえ。

解釈 ㊐　塩辛を食べれば同然のどが渇くだろうとまえもって水を飲んでおくということから、手回しが良すぎてかえって効き目がないというたとえ。また、物事の順序が逆になり、間が抜けているたとえ。

解釈 ㊊　寺にあるはずのない塩辛を食べられるほど、機転の利く人はどこに行っても困ることはないとの意。

247

㊐ **地獄のさたも金次第**　지옥의 재판도 돈으로 좌우된다

㊊ **돈만 있으면 귀신도 부릴 수 있다**　お金があればお化けも雇える

意味　金の力は無限である。金さえあれば思うがままに何事もできる。

解釈 ㊐　死後、地獄のさばきも金で左右される。この世は金がものをいう。何事も金力でどうにでもなるということ。「仏の光より金の光」ともいう。

解釈 ㊊　人が死んだ後に現れるお化けでさえも、金で引き換えに雇えるということ。金の力は剛力無尽、世の中で金さえあればいかなることでもできないことがないということ。「돈에 침 뱉는 놈 없다　金につばを吐く奴はいない」ともいう。

248

㊐ **死者を鞭打つ**　죽은 자에게 매질

㊕ **무죄한 놈 뺨 치기**　無罪の奴のほっぺた打つこと

意味　大変薄情で残酷な行為をいうたとえ。

解釈 ㊐ 既に死んでいる人を鞭打つことで、とても冷酷な仕打ちにいう。

解釈 ㊕ 何の罪もない人のほっぺたを打つとのことで、大変薄情で意地悪い行為をいう。

249

㊐ **死線を彷徨う**　사경을 헤맴

㊕ **죽을 똥을 싸다**　死ぬ糞をもらす

意味　肉体や精神的に大変ひどい目にあう。

解釈 ㊐ 病気や怪我などで、生死の境にある状態。

解釈 ㊕ 事の大変さで、非常に苦労をする。

250

㊐ **舌三寸の誤りより身を果たす**　혀 세 치의 잘못으로 몸을 대신한다

㊕ **말이 씨가 된다**　ことばが種となる

意味　ことば遣いは大変重要なので何の考えもせずに軽々しくしゃべらないように気をつけろとの戒めのことば。

解釈 ㊐「蛙は口ゆえに呑まれる」ともいう。

解釈 ㊕ 種を播くと芽ぐむ植物は種によって決まる。話していたことがついにある事実を持たらす結果となることをいう。

251

㊐ **親しき仲にも礼儀あり**　친한 사이에도 예의 있다

㊊ **정들었다고 정담 말라**　親しいといって情話をしないで

意味　どんなに親しい間柄だとしても礼儀やことば遣いには用心しなければならないという意味。

252

㊐ **舌の剣は命を断つ**　혀의 검은 생명을 끊는다

㊊ **혀 아래 도끼 들었다**　舌の下におのを上げた

意味　自分が話したことばのため、死を招くことも在り得る。

解釈 ㊐　ことばを慎まないと、そのために自分の生命を失うことがある。「口の虎は身を破る」ともいう。

解釈 ㊊　舌は斧のように危険な道具のそばにあるようなものだから、間違えて舌を動かすと、危険な目にあうから、ことば遣いにはずいぶん気をつけろとの意。「혀는 무기이다　舌は武器だ」、「혀는 몸을 베는 칼이다　舌は命を切る剣だ」、「혀의 검은 생명을 끊는다　舌の剣は命を断つ」ともいう。

253

㊐ **舌の根の乾かぬうち**　혀끝이 마르기도 전에

㊊ **침이 마르기 전에**　唾が乾かぬうちに

意味　言い終えて間もないうち。

254

㊐ **舌を抜かれる**　혀가 뽑힌다

㊊ **손에 장을 지지다**　手に灸を据える

意味　自分のことばが嘘なら、どんなにひどい苦痛でも耐える覚悟があるとの意。

解釈 (日) 嘘をつくと地獄の閻魔さまに舌を抜かれる。

解釈 (韓) 嘘をつくと手に灸を据えるほどの覚悟があるとの意。

255

(日) **死中に活を求む**　죽음 속에서 삶을 찾는다

(韓) **하늘이 무너져도 솟아날 구멍이 있다**　天が崩れても這い出る穴がある

意味　絶望的な状況のなかでも、難局を打開する道はある。

解釈 (日) 死を待つより他にないような、危機の状態のなかにあっても、なお生き残る道を捜し求めること。また、難局を打開するために、あえて危険な状況のなかに飛び込んで行くこと。

解釈 (韓) いかに大変な災難に出会ったとしても、そこを抜け出して生きる道は必ずどこかにあるもので、人間はそうたやすく死ぬようなことはない。「죽는 수가 닥치면 살 수가 생긴다　死ぬめに会えば生きる道がある」ともいう。

256

(日) **尻尾をつかむ**　꼬리를 잡다

(韓) **뒷다리를 잡다**　後ろ脚をつかむ

意味　相手の弱点をつかむ。

解釈 (日)「急所をつかむ」ともいう。

解釈 (韓)「급소를 쥐다　急所をつかむ」ともいう。

257

(日) **死に別れより生き別れ**　사별보다 더한 생이별

(韓) **살아 생이별은 생초목에 불 붙는다**　暮らしの生き別れは生草木に火のつくようなもの

意味　死に別れより、生き別れの方が悲しい。

解釈 ㊐ 死に別れをするのはつらいが、それよりも生きていながら別れることの方がもっとつらいことである。

解釈 ㊛ 生き別れは、生の草木に火のついたようなもので、我慢のならないつらいことだということ。夫婦または親子兄弟の生き別れのつらさをいっている。「피눈물이 난다　血の涙が出る」ともいう。

258

㊐ **自分で自分の墓を掘る**　제가 제 묘를 판다

㊛ **제가 제 묘를 판다**　自分で自分の墓を掘る

意味　自身の行為が原因となって、だめになってしまうとの意。

解釈 ㊐「墓穴を掘る」ともいう。

解釈 ㊛「제가 제 목을 찌른다　自分で自分の首を刺す」ともいう。

259

㊐ **自分の糞は臭くない**　제 똥 구린 줄 모른다

㊛ **제 똥 구린 줄 모른다**　自分の糞は臭くない

意味　自身では自分の欠点や過ちにはなかなか気づかないという意味。

解釈 ㊐「息の臭きは主知らず」、「息の香の臭きは主知らず」ともいう。

解釈 ㊛「제 똥 구린 줄은 모르고 남의 똥 구린 줄만 안다　自分の糞の臭さは知らず、人の糞の臭さだけを知る」、「제 얼굴 못난 줄 모르고 거울만 나무란다　自分の顔が汚いことは知らず 鏡だけを叱る」ともいう。

260

㊐ **杓子《しゃくし》で腹を切る**　국자로 배를 가른다

㊛ **가지나무에 목을 맨다**　茄子(なす)の枝に首をくくる

意味　出来そうではない事や、形式だけをまねする事のたとえ。

261

日	**蛇《じゃ》の道は蛇《へび》**	구렁이의 길은 뱀
韓	**과부 사정은 과부가 안다**	後家の事情は後家が知る

意味　その道のことはその道のものがよく知っている。同類の者がすることはよく分かる。

解釈 日　同類のものが互いにその社会の秘事によく通じているということ。「悪魔は悪魔を知る」ともいう。

解釈 韓　さびしくてつらい後家のことは、そのことをよく知っている後家でなければ理解できない。このように、同じ立場の人だけが、その事情をよく分かるということ。

262

日	**十人十色**	십인 십색
韓	**한날 한시에 난 손가락도 짧고 길다**	同じ日同じ時に生まれた指も短くて長い

意味　あらゆる事物はすべて固有の特性を持っていて、区別出来るということ。

263

日	**十年一昔**	십년이면 옛날이다
韓	**십년이면 강산도 변한다**	十年経てば江山も変わる

意味　社会現象のもろもろは十年を単位にして大きく変わる。

解釈 日　十年も経てば一応昔のこととなる。大体十年を一区切りとして、人事や社会に変遷を見ることができることをいう。「十年経てば一昔」ともいう。

解釈 韓　十年も経てば川や山も変わってしまうように、人の世にも変化があるということ。

264

日 **朱に交われば赤くなる**　붉은 물감에 섞이면 붉어진다

韓 **삼 밭에 쑥**　麻の中のよもぎ

意味　人はつきあう友だちによって善にも悪にもなる。

解釈 日 赤色に交われば赤くなるように、交際する仲間によって、人は感化されるものであるということ。「血に交じれば赤くなる」、「腐ったミカン」ともいう。

解釈 韓 麻はまっすぐに伸びるものである。その麻の中によもぎが交じって生えると、本来小枝をはって丸く茂るよもぎも、自然に周囲の麻についてまっすぐに育っていく。このことから、善良な人に交われば、その感化を受けて、教育しなくてもみずからよい人になるということ。「어린애 친하면 코 묻은 밥 먹는다　子供と親しくすると鼻水がついたご飯を食べる」、「동무 사나워 뺨 맞는다　友達が荒っぽくて頬を打たれる」ともいう。

265

日 **正直の頭に神宿る**　정직한 머리에 신이 머문다

韓 **마음 한번 잘 먹으면 북두칠성이 굽어보신다**　心を一度きちんと決めれば北斗七星が察される

意味　正直な人には必ず神の加護があるということば。

266

日 **焦《しょう》眉《び》の急**　초미지급

韓 **눈썹 끝에 불벼락이 떨어진 셈**　眉毛のさきに (火の) 雷が落ちたもよう

意味　災難や難問で危険が目の前に迫っていること。

267
㊐ **小利を知って大損を知らぬ**　작은 이익은 알고 큰 이익을 알지 못한다
㊊ **작은 돌 피하다가 큰 돌에 치인다**　小石よけて大石につまずく

意味　目の前の小さな利害関係には機転が利いて大きな損害や打撃を受けることには気がつかないとのことば。

268
㊐ **白髪は冥途の使**　백발은 저승사자
㊊ **가는 세월 오는 백발**　行く歳来る白髪

意味　白髪が出てくるのは年取った証拠で、死に一歩近づいたということ。

解釈 ㊐　歳を取って段々と白髪が増えてくることは、死に向かって次第に近づいていくことである。

解釈 ㊊　過ぎ去ると、再び戻ってこないのが歳月である。そして年月が過ぎ去れば、人は自然に歳を取るようになるとの意。

269
㊐ **知らぬが仏、見ぬが秘事**　모르는 게 부처 보지 않는 게 비사
㊊ **모르면 약이요 아는 게 병**　知らなければ薬であり、知ることが病

由来は 222 ページを参照

意味　何も知らなければ心が楽なのに、知ったが故に心配事が生じ、かえって負担になるとの意。

270
㊐ **尻が据わらない**　엉덩이가 앉지 않는다
㊊ **불알 밑이 근질근질하다**　金玉の下がむずむずする

意味　同じ場所に長く落ち着かず、一つの事にじっくり取り組む事ができないとの意。

解釈 ㊐「尻がうずうずする」ともいう。

解釈 ㊙「엉덩이가 근질근질하다　尻がうずうずする」ともいう。

271

㊐ **尻から抜ける**　엉덩이로 빠지다

㊙ **정신은 꽁무니에 차고 다닌다**　精神は尻につけている

意味　すぐ忘れてしまうさま。

解釈 ㊐ 見聞きした事をすぐに忘れてしまう。「心ここにあらず」「心が上の空」ともいう。

解釈 ㊙ ぼんやりしてとんでもないことをやってしまったり、すぐ忘れてしまうことをからかっていうことば。「정신을 빼서 엿 사 먹었나？　精神を抜いて飴を買って食べたのか」ともいう。

272

㊐ **尻に根が生える**　엉덩이에 뿌리가 난다

㊙ **엉덩이가 무겁다**　尻が重たい

意味　長居していっこうに帰ろうとしないさま。

273

㊐ **尻に火がつく**　엉덩이에 불이 붙다

㊙ **발등에 불이 붙다**　足の甲に火がつく

意味　物事がさし迫って、落ち着いていられない状態になる。

解釈 ㊐「眉に火がつく」ともいう。

解釈 ㊙「발등에 불이 떨어졌다　足の甲に火が落ちた」ともいう。

274

㊐ **尻に火をともす**　엉덩이에 불을 붙이다

㊊ **엉덩이에 불이 붙었다**　尻に火がついた

意味　少しの間も座っていられなくて非常に忙しくあちらこちら走り回る様子。

275

㊐ **尻も結ばぬ糸**　매듭도 안 맺은 실

㊊ **똥 누고 밑 아니 씻은 것 같다**　糞垂らして尻拭かぬようなもの

意味　後始末や尻のしまりが悪いこと。

解釈 ㊐　端に玉どめを作らない糸で縫えば抜けてしまうこと。

解釈 ㊊　用便の後、尻を拭かなかったように、後始末をちゃんとしないのは、なんとなく気持ちがさっぱりしなくて落ち着かないことのたとえ。

276

㊐ **白い目で見る**　흰 눈으로 보다

㊊ **흰 눈으로 보다**　白い目で見る

意味　人を冷たくて疑わしい目で見る。

解釈 ㊐　「白眼視」ともいう。

277

㊐ **信州信濃の新蕎麦よりもわたしゃあんたの傍がいい**　신슈 시나노의 신소바보다 나는 네 곁이 좋다

㊊ **가까이 앉아야 정이 두터워진다**　近く座ってこそ情が厚くなる

意味　人は互いに近くにいて頻繁に接触してこそ情がより深まるとの意。

解釈 ㊐ 蕎麦と傍をかけたことばで、昔は引っ越した際隣近所に「お傍にまいりました」との意味で、蕎麦をふるまうのが習わしだった。

278

㊐ **真珠の涙**　진주의 눈물

㊙ **닭똥 같은 눈물**　鶏の糞のような涙

意味　大粒の涙。

279

㊐ **人事を尽くして天命を待つ**　인사진력하고 천명을 기다린다

㊙ **혀는 짧아도 침은 길게 뱉는다**　舌は短くても唾液は長く吐く

意味　最善を尽くして努力する。

解釈 ㊐ 人として最善の努力をし尽くした上で、あとは静かに天命にまかせる。

解釈 ㊙ 周辺の状況が不十分であっても、すべきことはしなければならないという意味。

280

㊐ **人生朝露の如し**　인생은 아침 이슬과 같다

㊙ **백년을 살아도 삼만 육천 일**　百年生きたとしても三万六千日

意味　人生は短くてはかないものである。

解釈 ㊐ 人間の一生は、朝の露が日差しを受けて、すぐに消えてしまうように、とてもはかないものである。

解釈 (韓) いかに長生きしようとしても、人間の一生というものは短いものである。人生は三万六千日生きることは稀であるから、早くてはかないものだということ。

281

(日) **心臓に毛が生えている**　심장에 털이 났다

(韓) **뱃속에 능구렁이가 들어 있다**　腹の中にアカマダラ蛇が入っている

意味　きわめて図々しく、平然としているさまをいう。

282

(日) **死んで花実が咲くものか**　죽은 다음에 꽃 열매 열릴까

(韓) **말똥에 굴러도 이승이 좋다**　馬糞に転んでもこの世がいい

意味　死んだらすべてが終りである。

解釈 (日) 死んで枯れてしまったら、どんな草木にも花が咲いたり、実がなったりはしない。生きていればこそこの世のいいこともあるものである。死んでしまったら何の幸福も得られない。

解釈 (韓) 馬糞に転ぶような、いくら厳しくてつらい環境であっても、また貧しい生活を送っていても、死ぬよりは、生きていてこの世の様々のいいことやわるいことを味わった方がいいということ。

韓国のことわざ由来

남의 눈에 눈물 나면 제 눈에는 피가 난다

他人の目から涙が出たら自分の目からは血が出る

山犬宰相が虎王に申し上げた。

「虎の革は威厳と荘重の象徴です。王様が使っていらっしゃる椅子に革を敷けば威風が一層高まると存じます。」

虎王が尋ねた。「なら、革はどう剥くの？」

山犬宰相は虎王が興味を持ったことに喜びながら話した。

「革を剥がす前に麻酔薬を飲めば何の痛みも感じず済みます。」

「うん、革を剥がした後にも生きられるのか？」と虎王が信じがたそうに聞くと、山犬宰相は答えた。「生きられるとも。へびやセミは皮が剥がれても死なないことをよくご存知ではないでしょうか。もし、王様が手術をなさるなら、すぐ山犬医師を呼んで麻酔薬だけを打てばいいのです。」虎王は興味深そうに言った。「では、直ちに山犬医師を呼んで来なさい。」山犬医師が駆けつけると虎王が尋ねた。

「私がこれから革を剥がす手術をしたいのだが、危険ではないだろうかな？」

「そのような心配は無用です。麻酔薬だけを打てば何の苦痛も危険もありません。」と医師は言った。「そうか。ならば、まずあの山犬宰相を手術しなさい。」虎王の命令を聞いた山犬宰相は、大変驚いて青ざめた。

山犬医師は、虎王と多くの大臣が見守る中、山犬宰相の革を剥がす手術をすることになった。間もなくして、山犬宰相は死んでしまった。

ことわざに「他人の目から涙が出れば自分の目からは血が出る」と、人に悪いことをすれば、自分はもっと厳しい罰を受けるとの意味である。

す

283

㊐ **水中に火を求む**　물속에서 불을 찾다

㊙ **마렵지 않은 똥을 으드득 누라 한다**　したくない糞を無理してでも出せという

意味　無謀にも求めるたとえ。

解釈 ㊐「木に縁って魚を求む」ともいう。

284

㊐ **据え膳食わぬは男の恥**　차려놓은 밥을 먹지 않는 남자의 수치

㊙ **손에 붙은 밥을 아니 먹을까**　手についたご飯を食べないわけがない

意味　すでに自分のものになれるものを、断る人はいないはずだとの意。

解釈 ㊐ 女のほうから誘いをかけられて、それに応じないのは男として恥であるということ。

解釈 ㊙ 手についたご飯を食べないわけがないように、すすんで手に入ってきた物を自分のものにしない人はいないということば。

285

㊐ **過ぎたるは及ばざるが如し**　과한 것은 무용지사이다

㊙ **너무 뻗은 팔은 어깨로 찢긴다**　あまりのびた腕は肩で裂ける

意味　あらかじめ過度に手を回して人を害していては、かえって失敗するということを比喩的にいうことば 。

286

(日) **雀の涙**　참새의 눈물

(韓) **새 발의 피**　鳥の足の血

意味　ごく少ないこと。少量であること。

解釈 (日) 雀の目から出てくる涙ということで、量がとても小さいことのたとえ。「姑の涙汁」、「蜂の涙ほど」ともいう。

解釈 (韓) 鳥の足には血が少ないように、物の極めて少量なことをいう。「좁쌀 알 만큼　粟粒ほど」、「참새 눈물 만큼　雀の涙ほど」ともいう。

287

(日) **雀百まで踊り忘れず**　참새는 백살까지 춤추는 것을 잊지 않는다

(韓) **세 살 적 버릇 여든까지 간다**　三歳ごろの癖は八十歳まで続く

意味　人間はいくつになっても、幼い頃覚えたことはいくつになっても忘れられないものだ。

解釈 (日) 雀は、小さい時から死ぬまで飛び跳ね続ける。雀は、死ぬまで飛び跳ねる癖が抜けない。浮気の癖が直りにくいことにも言う。「産屋の癖は八十まで直らぬ」、「三つ子の魂百まで」ともいう。

解釈 (韓) 幼い時、三歳ごろに身につけた癖は、年を取った八十歳位の年寄りになってまでも、その癖が直らずに続くということで、幼い時の性質は年取っても変わらないということ。

せ

288

㊐ **生ある者は死あり**　생명 있는 것은 죽음이 있다

㊙ **생자필멸**　生者必滅

意味　生命のある者は必ず死がある。

解釈 ㊐ 動物でも植物でも、生命のあるものは、いつかは必ず死ぬ時がくるものである。「生き身は死に身」ともいう。

解釈 ㊙ 日本と同じ。

289

㊐ **精神一到何事か成らざらん**　정신일도하면 무엇이든지 이룰 수 있다

㊙ **정신일도 하사불성**　精神一到何事不成

意味　〔朱子語類〕精神を集中して事に当たればどんな難事でもできないことはないとの意。

290

㊐ **清水に魚棲まず**　맑은 물에 고기 모이지 않는다

㊙ **맑은 물에 고기 모이지 않는다**　水清くすると魚棲まず

意味　潔白さも度がすぎると、人に親しまれず孤立する。

解釈 ㊐ あまり水が澄んでいては、魚は隠れ場所がなく、餌がないので棲めなくなる。人間もあまりにも心が清くて私欲がなさすぎると、人に親しまれず孤立してしまうということ。

解釈 ㊙ 日本と同じ。

291

㊐ **青天の霹靂《へきれき》**　청천벽력

㊙ **세마른 하늘에 벼락 맞는다**　晴れた空から雷が落ちてくる

意味　一般には思いがけない突発的事変。

解釈 ㊐ 青く晴れた空に突然に起こる雷でびっくりするさまをいう。もとは筆勢の激しさなどにいった。「霹靂」は雷をいう。「薮から棒」ともいう。

解釈 ㊙ 青空で突然鳴り出す雷のことで、予想もしなかった事件、または急激に起こった大変動のことをいう。「청천벽력　青天霹靂」ともいう。

292

日 **急《せ》いては事を仕損ずる**	서둘러 일을 손해 본다
韓 **오기에 쥐 잡는다**	傲気でねずみをつかむ

意味　急いで仕事をしたり（日本）むやみに強情を張ったり（韓国）すると失敗する。

解釈 ㊐ 急いでした仕事は不出来で、とかく悪い結果に終わるということ。あわてると失敗するということのたとえ。

解釈 ㊙ むやみに強情を張って、ことをし損じるとの意。

293

日 **銭《ぜに》持《も》たずの団《だん》子《ご》選《え》り**	돈도 없으면서 경단 고른다
韓 **털도 아니 난 것이 날기부터 하려 한다**	羽も生えていないのに飛ぼうとする

意味　愚かな人が、自分の分別に合わないことをしようとする時にいうことば。

解釈 ㊐ お金がないのに団子を選ぶのは、身の程を知らぬこと。

解釈 ㊙ 鳥類は羽がないと飛ぶことはできない。まだ羽も生えていないのに飛ぼうとするのは愚かで無駄なことだ。

せ

294

㊐ **栴檀《せんだん》は二葉より芳し**　백단향은 떡잎 때부터 향기롭다

㊙ **될 성부른 나무는 떡잎부터 알아본다**　見込みのある木は二葉からわかる

意味　大成する人物は、幼いときから人並みはずれたところがある。

解釈 ㊐ 香木である栴檀は、発芽の二葉の頃から芳香を放つ。英雄や俊才など大成する人は、幼時から人並みはずれて優れたところがある。「蛇は一寸にしてその気を得る」、「実のなる木は花から知れる」ともいう。

解釈 ㊙ 見込みのある木は、発生段階で最初に出る二枚の葉からわかるように、後で大成するような人物は、幼いときから人並みはずれたところがあるという意。「열매 될 꽃은 첫 삼월부터 안다　実になる花は三月初めから知れる」ともいう。

295

㊐ **前門の虎後門の狼**　문앞 호랑이 문뒤 늑대

㊙ **진퇴양난**　進退両難

意味　前からも後からも進退窮まるさま。

296

㊐ **千里の道も一歩から**　천 리 길도 한 걸음부터

㊙ **천 리 길도 한 걸음부터**　千里の道も一歩から

意味　ことを成す為には時間と努力を要するもので、初めから一息にすることはできないとの意。

解釈 ㊐「千里の行も足下より始まる」ともいう。

解釈 ㊙「한 술 밥에 배부를까　一口目の食事で腹いっぱいにならぬ」ともいう。

297

(日) **千里も一里**　천 리도 일 리

(韓) **천 리 길도 십 리**　千里の道も十里

意味　恋しい人のところに行くときは、遠い道も短く感じられる。

解釈 (日)　思いつづけた恋しい人のところに行くときは、遠い千里の道も、一里のように短く感じられて苦にならないということ。「惚れて通えば千里も一里」ともいう。

解釈 (韓)　身をやつして恋しい人に会いに行くとき、ひたすら思いつづけながら、千里の道も十里のように思い、疲れを忘れて駆けつけて行くことをいう。
※韓国の十里は日本の一里に当たる。

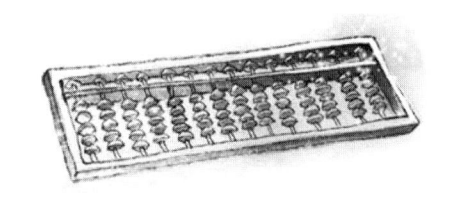

そ

298

㊐ **袖から手を出すも嫌い**　소매에서 손 내기도 싫어한다

㊙ **감기도 남 안 준다**　風邪も人に与えない

意味　金はもちろんのこと、出すことはどんなことでも嫌いである。はなはだしいけちのたとえ。

299

㊐ **袖すり合うも他生の縁**　소매 스치는 것도 전생과 내세의 인연

㊙ **옷깃만 스쳐도 인연이 있다**　服すそだけをすりあっても因縁がある

意味　見知らぬ人と道で服のほんの少しをすりあうのも前世の因縁によることであり、人との出会いの大切さをたとえることば。

300

㊐ **側杖を食う**　후림불에 걸려들다

㊙ **고래 싸움에 새우 등 터진다**　鯨の喧嘩に海老の甲羅が裂ける

意味　自分には直接関係のないことによって受ける災難のこと。

解釈 ㊐　たまたま喧嘩などするそばにいて、杖で打たれること。「池魚の禍」ともいう。

解釈 ㊙　鯨のような大きなものどうしの喧嘩には大きな波の飛沫が立つ。その近くにいた海老のように小さなものの甲羅が裂かれるのは当たり前のこと。危ないところに顔を出してはいけないという意としても使う。

301

㊐ **空に向いて石を投げる**　하늘 향해 돌 던지다

㊒ **맨발로 바위 차기**　裸足で岩を蹴ること

意味　出来もしないことをして、むしろその行為が自分に害を与える結果を招くのは、大変愚かであることを比喩的にいうこと。

解釈 ㊐「空をめがけて石を投げれば」、「天に向かって唾を吐く」、「天を仰ぎて唾す」ともいう。

解釈 ㊒「돌 부리를 차면 발 부리만 아프다　石先を蹴ると足先が痛いだけだ」ともいう。

눈 빠질 노릇

目が抜けそうなこと

昔、捕盗庁（現在の警察庁）の傘下に属した、捕校（現在の警察）という職があったが、過ちを犯した両班（貴族）を逮捕することは出来ず、平民だけを捕まえることが出来た。両班を逮捕出来るのは、自主通符という特殊証を持った人だけだった。ある時、自主通符を持っていない捕校が両班を捕まえてしまい、その家族に目を抜かれた事があった。そのことがあってから捕校らは犯人を捕まえた時、両班である可能性があると心配で「目が抜けそうなこと」と話していた。これが一般化され、今でも使われるが、一般的に苦しい状況にあわれた時だけに使われたことが、最近は用例が変わって、大変待ちこがれている時により多く使われている。

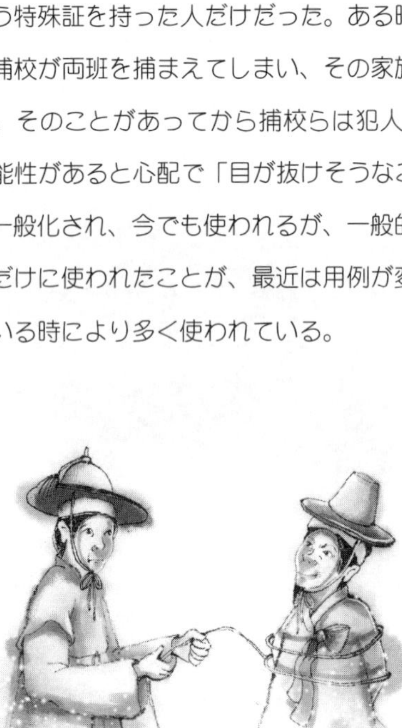

た

302

㊐ **大海の一滴**　대해의 한 방울

㊙ **구우일모**　九牛一毛

意味　広大な場所に極めて小さなもののあること。とるに足りないこと。

解釈 ㊐ 非常に大きな海のなかの一滴ということで、大きな全体の中から極めて小さな一部分。「九牛の一毛」ともいう。

解釈 ㊙ 九頭の牛に生えている毛の数は、数え切れないほどたくさんの数であるが、そのなかで一つの毛ということ。たくさんあるもののなかで、極めて少ないもの。

303

㊐ **大海を手で塞《ふさ》ぐ**　대해를 손으로 막는다

㊙ **손바닥으로 하늘 가리기**　掌で空を隠すこと

意味　どうしても実現不可能なことのたとえ。

解釈 ㊐「竿竹で星を打つ」ともいう。

解釈 ㊙「장대로 하늘 재기　竿竹で空を測る」、「손가락으로 하늘 찌르기다　手指で空を刺す」ともいう。

304

㊐ **大魚は小池に棲まず**　큰 물고기는 작은 못에 살지 않는다

㊙ **큰 물고기는 깊은 물에 있다**　大魚は深い水にいる

意味　大人物は簡単にその姿を現わさないし、つまらない仕事であくせく働くこともしない。

解釈 ㊐ 大きな魚は狭い池には住まない。大人物はつまらない地位に甘んじていることはできない。「流川に大魚はなし」ともいう。

解釈 韓 大きな魚は、浅い水には棲まなくて、深い水の中に棲みついている。立派な人物はその実力や才能を軽くは現さないところにいる。天才は、その才にふさわしくないところにはいないということ。

305

日 **宝の持ち腐れ** 보물을 갖고서 썩힘

韓 **언제 쓰자는 하눌타리냐** いつ使う烏瓜かな

意味 有用なものを持っていながら、使わないこと。

解釈 日 宝物をもっていながらもったいなくて使わないうちに腐ってしまうこと。才能や手腕がありながら、それを活用しないことのたとえ。

解釈 韓 烏瓜は薬材として使用するとても貴重なものである。それを使わずにいつまでも置いていることから、いかに貴重なものでも、それを必要なときに使わないのは、なんのために持っているのかがわからないということ。ものは必要なときに活用しないことには無益であることをいっている。
※「烏瓜」は、野原や山にできる多年生の草で、種と根は薬用となる。

306

日 **ただより高いものはない** 공짜보다 비싼 것은 없다

韓 **공것 바라면 이마가 벗어진다** ただを望むと額がはげあがる

意味 ただを望むとかえって損するとの意味で、ただを望むことを戒めることば。

307

日 **立て板に水** 세워 놓은 판자에 물

韓 **청산유수** 青山流水

意味 話し方が流暢でうまいさま。

解釈 ㊐ 立てた板に水を流したように、舌の運びが滑らかで、弁舌がすらすらとして、よどみないさま。

解釈 ㊙ 樹木などが生い茂って青々としている山に、水がひっかかることなく流れるように、すらすらと話し方が上手なさま。

308

㊐ **棚からぼた餅**　선반에서 떨어진 떡

㊙ **호박이 덩굴 채로 굴러 들어왔다**　かぼちゃが蔓ごとに転がり込んだ

意味　思いがけない幸運に恵まれる。労せずに幸運を得る。

解釈 ㊐ 棚の上から美味しそうなぼた餅がいきなり落ちてくる。「飛び入り果報」ともいう。

解釈 ㊙ 韓国でかぼちゃは、おかずとして使うのは勿論、お餅やお粥などの素材としても広く使われ、生活する上で貴重な植物である。突然、いい物を得たり、よい出来事が起こった時、かぼちゃが蔓ごとに転がり込むという。

309

㊐ **他人の不幸は蜜の味**　타인의 불행은 꿀 맛

㊙ **사촌이 땅을 사면 배가 아프다**　いとこが土地を買うと腹が痛む

意味　人の幸運や成功を妬むさま。

310

㊐ **玉に瑕**　옥에 티

㊙ **옥에도 티가 있다**　玉にも疵がある

意味　非常に立派なもののほんのわずかの欠点。

解釈 ㊐ とてもきれいな玉にほんのわずかな疵がある。ほとんど完璧と思われる中にあるただ一つの欠点。疵は欠点の意で傷に同じ。

解釈 (韓) 大変美しいものとして知られている玉にも、わずかな疵というものはある。どんなによい品物や立派な人間にでも、多少の欠点があるということ。

311

(日) **民の声は神の声**　민성은 신성

(韓) **민심은 천심**　民心は天心

意味　民衆の意見は尊いものである。

解釈 (日) 民衆の声は天の意思を代弁するものである。

解釈 (韓) 国民の心は天に通じるほど大事であるとの意。

312

(日) **暖《だん》衣《い》飽食《ほうしょく》**　난의포식

(韓) **배부르고 등 따습다**　お腹が満腹で背中が暖かい

意味　腹いっぱい食べて、背中が暖まる快適な環境にいるという意味で裕福な生活のたとえ。

ち

313

㊐ **血で血を洗う**　피로 피를 씻는다

㊙韓 **피로 피를 씻는다**　血で血を洗う

意味　血族同士が相争うこと。

解釈 ㊐ 身内同士が互いに憎み争って、傷つけ合うこと。また、悪事をもって悪事を処理する、殺傷に対して殺傷で報復すること。

解釈 韓 同族が互いに争い殺しあうこと。1950 年から 1953 年まで 3 年間にわたり同じ民族である北朝鮮と韓国との戦いがあった。これが朝鮮戦争で、このことを同族相残の悲劇といっている。「동족상잔　同族相残」ともいう。

314

㊐ **血と汗**　피와 땀

韓 **피와 땀**　血と汗

意味　並々ならぬ努力と忍耐のたとえ。

315

㊐ **血となり肉となる**　피가 되고 살이 된다

韓 **피가 되고 살이 된다**　血となり肉となる

意味　よく吸収されて栄養となる。知識や技能が完全に身につく。将来意義ある行動をするための活力源となる。

316

㊐ **血の涙**　피눈물

韓 **피눈물**　血の涙

意味　悲しみの極みや激しい憤りのあまり出てくる涙のこと。

317

㊐ **血は水よりも濃い**　피는 물보다 진하다

㊊ **피는 물보다 진하다**　血は水よりも濃い

意味　血縁は他人より結びつきが強い。

解釈 ㊐　本当に頼りにできるのは、他人よりも血縁であり、その結びつきは強く、やはり、血筋は争われないものである。「兄弟は両の手」、「血は血だけ」ともいう。

解釈 ㊊　13 世紀から 18 世紀まで、最も盛んであった儒教思想から、韓国は血縁をとても大切にする。お正月やお盆になると、普段はあちこちで暮らしている家族が一箇所 (長男の家や親のいるところ) に集まり、なくなった祖先にお祭りを行ったり、墓参りをしながら血縁の絆を深める。家族や親戚が悪い立場に立った時や困った時には、味方になって手助けをする。

318

㊐ **血も涙もない**　피도 눈물도 없다

㊊ **피도 눈물도 없다**　血も涙もない

意味　冷たくて人情がない。冷酷で少しも思いやりがないこと。

319

㊐ **朝《ちょう》三《さん》暮《ぼ》四《し》**　조삼모사

㊊ **조삼모사**　朝三暮四

意味　口先で言いくるめてうまく騙すこと。目先の違いにこだわって、結果が同じことに気づかないこと。

解釈 ㊐　中国の狙公 (猿まわし) が飼っていた猿に、栃の実を与えるのに、朝三つ夕方四つ与えようとしたところ、猿が大変怒ったので、朝四つ夕方三つにしたら喜んだという故事から、目先の差だけにとらわれて、結局は同じであることを知らないこと。また、ずるい手段で人をあざむくことをたとえている。中国の故事による。

解釈 ㊙韓 日本と同じ。

320

㊐ **塵も積もれば山となる**　티끌도 쌓이면 산이 된다

韓 **티끌 모아 태산**　塵積もって泰山

意味　小さな物が集まると大きなものになる。

解釈 ㊐ 微小なものでも数多く積み重なると、高大なものになることのたとえ。「塵積もりて山となり」ともいう。

解釈 韓 小さな物がたくさん集まると、山ほどの大きなものになるということで、いくら小さいからといっておろそかにしてはいけないということ。大きなものは、小さいものの集まりであるということ。

つ

321

(日) **追従《ついしょう》**　듣기 좋은 말

(韓) **침 발린 말**　唾を塗られたことば

意味　相手の気持ちを良くするためにいうお世辞などのこと。

322

(日) **月とすっぽん**　달과 자라

(韓) **하늘과 땅**　天と地

意味　両者の間に比較にならないほどの差があること。

解釈 (日) 月とすっぽんは丸い形をしているという点では似ているが、両者の固有の特徴には非常に違いがあるところから、比較にならないほどかけ離れていることのたとえ。「提燈に釣りがね」「天と地」ともいう。

解釈 (韓) 天と地がはるかに離れているように、比較にならないほど差のあること。

323

(日) **爪に火をともす**　손톱에 불키다

(韓) **이마를 뚫어도 피 한 방울 안 난다**　額を刺しても血一滴出ない

意味　とてもケチであるという意味。

解釈 (日)「足の裏の飯粒をこそげる」ともいう。

解釈 (韓) 日本と同じ。

324

(日) **面の皮千枚張り**　낯짝에 천장 바름

(韓) **뱃가죽이 땅 두께 같다**　腹の皮が土地の厚さのようだ

意味　きわめてあつかましく、恥知らずなことのたとえ。

325

㊐ **釣り落とした魚は大きい**	낚다 놓친 고기가 더 크다
㊞ **놓친 고기가 더 크다**	逃した魚はずっと大きい

意味　手に入れかけて失ったものを惜しむこと。

解釈 ㊐　釣り上げる直前に落とした魚は惜しい気持から、大きく思いがちである。

解釈 ㊞　釣り上げた魚を逃がしたことのように、手に入れかけていたものを失うと、その悔しさがよけいに募ってなかなか忘れられないことを言っている。

て

326

㊐ **手《て》枷《かせ》足《あし》枷《かせ》**　수가 족가

㊊ **손발이 묶여서 움직일 수 없다**　手足がとられて身動きが利かない

意味　足手まといになるもの。行動の自由を奪うもの。

327

㊐ **手癖が悪い**　손버릇이 나쁘다

㊊ **손이 검다**　手が黒い

意味　盗む癖がある。

328

㊐ **鉄は熱いうちに打て**　쇠는 뜨거울 때 쳐라

㊊ **쇠뿔도 단김에 빼라**　牛の角も熱いうちに抜け

意味　すべては若いうちに鍛えたほうが効果的である。

解釈 ㊐　鉄は真っ赤に焼けてやわらかいうちに打てば、どのようにも鍛え上げることができる。人間も成長したあとでは、すでに固まりかけていて、思いどおりの理想的な人間に仕上げられないから、純真で感性のやわらかい若いうちに充分に鍛えておかなければならない。また、新しい事業を起こすときなど、関係者の情熱が薄れないうちに手をつけないと、あとからでは問題にされなくなるから、時期を失わないようにすることをいっている。「矯めるなら若木のうち」ともいう。

解釈 ㊊　昔、牛を殺すとき頭に火を当てて毛抜きをした。頭が熱くなっていると、角の回りの油がやわらかくなり、楽に角を抜き取ることができたことから、どんな仕事でも始めたからには、早く済ませたほうが効果があるということ。

329

㊐ **鉄砲玉の使い**　총알의 심부름

㊬ **함흥차사**　咸興差使

意味　行ったきりで帰ってこない。

解釈 ㊐ 鉄砲で打った玉は決して元には戻らない。「きぎしのひた使い」「梨のつぶて」ともいう。

解釈 ㊬ 朝鮮時代の太祖王(1392年)がその息子の太宗との間がうまくいかなかった。太祖が咸興(地名)に行っていたとき、太宗が太祖の怒りを和らげるために何度も使臣を遣ったけれども、その使臣さえ戻ってこなかったことから出たことば。「差使」は大事な任務のために派遣された臨時職員のことをいう。「강원도 포수　江原道鉄砲打」ともいう。

330

㊐ **鉄面皮**　철면피

㊬ **얼굴이 꽹가리 같다**　顔が鉦のようだ

意味　非常に厚かましくて、図々しく、破廉恥な行動をすること。

解釈 ㊐「顔に鉄板を敷く」「体面も皮の中にある」、「蚊も顔がある」ともいう。

解釈 ㊬「얼굴에 철판을 깔다　顔に鉄板を敷く」、「체면도 가죽 속에 있다　体面も皮の中にある」、「모기도 낯짝이 있다　蚊も面がある」ともいう。

331

㊐ **手に汗を握る**　손에 땀을 쥐다

㊬ **손에 땀을 쥐다**　手に汗を握る

意味　危険で緊迫した状況に遭遇して、はらはらしているさま。

332

㊐ **手に付かない**　　　　손에 잡히지 않는다

㊙ **손에 잡히지 않는다**　手に付かない

意味　気にかかることなどがあって、そのことに集中できない。また、とりかかることができないとの意。

333

㊐ **手に手を取る**　　　　손에 손을 잡다

㊙ **두 손 맞잡고 앉다**　両手を取り合って座る

意味　むつまじく互いに力を合わせて行動を共にする。

334

㊐ **手前味噌で塩が辛い**　자작된장이 짜다

㊙ **입찬 말은 묘 앞에 가서 하여라**　地位や能力によることばは墓の前に行って話せ

意味　自慢話は慎むべきだ。

解釈 ㊐ 手前は自分のこと、自分がつくった味噌だと、塩辛くても本人だけはおいしいと思っているということから、自慢ばかりするので聞き苦しいことのたとえ。

解釈 ㊙ 現在の立場が高いといって自分の自慢話ばかりをいうのは聞き苦しいものなので、どうしても話したかったら死んだあとに墓の前で話せということで、自慢話をやたらにしゃべらないようにということば。

335

㊐ **手盛り八杯**　　　　　손수 그릇에 담아 여덟 그릇

㊙ **목구멍의 때를 벗긴다**　喉のあかを取る

意味　食べ物を自分でよそって、思う存分食べること。

解釈 ㊐ 久しぶりにおいしい食べ物を思い切り食べるとの意。

解釈 (韓) 日本と同じ。

336

㊐ **手を着ける**　손을 대다

(韓) **첫발을 내디디다**　第一歩を踏み入れる

意味　新しく何かを始める。

解釈 ㊐「着手する」、「手を始める」ともいう。

解釈 (韓)「손을 대다　手を着ける」、「착수하다　着手する」ともいう。

337

㊐ **天高く馬肥ゆ**　하늘은 높고 말은 살찐다

(韓) **천고마비**　天高馬肥

意味　秋は心身ともに、さわやかで気持ちのよい季節であるということ。

解釈 ㊐ 大気が澄んで空が高く感じられる秋にもなると、馬もよく食べてたくましく太る。秋は心身ともにさわやかで気持ちのよい季節であるということ。秦(中国)では、北方騎馬民族が勢いをもりかえして、襲来してくる時期の到来をいった。「秋高く馬肥ゆ」ともいう。

解釈 (韓) 秋の空は晴れ上がって高く、馬は食欲が増し、肥えてたくましく成長するということ。好天が多く、快適でしのぎやすい秋の気候を表している。

338

㊐ **天に向かって唾を吐く**　하늘 향해 침뱉다

(韓) **누워서 침 뱉기**　横たわって唾を吐く

由来は 179 ページを参照

意味　天に向かって唾を吐くと、その唾が自分の顔に落ちてくることから、人に危害や損害を加えようとして、逆に自分がその害をうける結果になることのたとえ。

解釈 ㊐「天に唾す」、「仰いで唾を吐く」、「天を仰いで唾す」ともいう。

解釈 ㊛「누워서 침 뱉으면 제 낯짝에 떨어진다　横たわって唾すと自分の顔に落ちる」ともいう。

339

㊐ **天は自ら助くる者を助く**　하늘은 스스로 돕는 자를 돕는다

㊛ **마음을 잘 가지면 죽어도 좋은 귀신이 된다**　心を正しく持てば死んでからもよい神になれる

意味　正しい心を持って努力する人には幸運が与えられる。

解釈 ㊐ 人を当てにせず、独力で困難を乗り越えてことをなそうと努力する人間にこそ、天は幸運を与えるということ。「人事を尽くして天命を待つ」ともいう。

解釈 ㊛ 正しくやさしい気持ちをもって暮らしていれば、死んでからもよい神様になれるということから、人は心を正しく持つべきであるということ。「하늘은 스스로 돕는 자를 돕는다　天は自ら助くる者を助く」ともいう。

석수쟁이 눈 깜짝이듯
石屋が目をぱちぱちするよう

昔、咸鏡北道吉州郡に李氏の名字を持った石屋がいた。

彼は年中、石を彫って家計を維持していた。

ところが、彼はいつも石を彫る時に目に飛び散る石粉を避けるため、目をぱちぱちした。

ある日、友人と近隣村の祭り会場へ行くことになった。そこで彼は食事をすることになったが、ご飯を口に運ぶたびに目をぱちぱちした。

友人は尋ねた。「あんた、ご飯を食べるときも目をぱちぱちするのか？」

李氏は「そうね、自分も知らないうちに自然と目がそうなってしまうね」と答えた。

「ハハハ」会場に集まった人々はその行為に大爆笑した。その後、人々は「石屋の目をぱちぱちするよう」として言うようになったが、その意味は、一旦癖がつけばその癖が人を笑わせる結果を招くということわざである。

と

340

㊐ **灯台下暗し**　등대 밑이 어둡다

㊙ **등잔 밑이 어둡다**　灯盞《とうさん》下暗し

意味　手近なことがかえってわかりにくいことのたとえ。

解釈 ㊐　灯台はその灯芯の近くは明るく照らすが、そのすぐ下は暗い。身近な事情にうといこと。「自分の盆の窪は見えず」、「提灯持ち足もと暗し」ともいう。

解釈 ㊙　昔、電気が導入される以前、電球の代りに、灯を灯す台をつくってそのうえに灯盞(油皿)をのせ、そのなかに油を入れ、芯に火をつけて灯した時代があった。灯盞の周りは明るいが、そのすぐ下は暗いということで、「등대 밑이 어둡다　灯台下暗し」、「가까운 제 눈썹 못 본다　近い自分の眉毛は見られない」ともいう。

341

㊐ **豆腐で歯を痛める**　두부로 이를 다친다

㊙ **냉수에 이 부러진다**　冷水に歯が折れる

意味　ことばや行動が理屈に合わなくて、おかしくて、あるはずのないことのたとえ。

342

㊐ **豆腐の角に頭ぶつけて死ね**　두부 모퉁이에 머리를 부딪쳐 죽어라

㊙ **송편으로 목을 따 죽지**　中秋の餅(ソンピョン)で喉を刺して死ぬ

由来は 110 ページを参照

意味　つまらない失敗をした者をののしっていうたとえ。

解釈 ㊐「豆腐で頭を打って死ね」ともいう。

解釈 ㊓ 餅の端が尖っているが、その部分で首を切り死ねとの意味から、つまらないことで激怒している人をからかっていうことば。

343

㊐ **遠くの親戚より近くの他人** 먼 친척보다 가까운 타인

㊓ **먼 사촌보다 가까운 타인** 遠くのいとこより近くの他人

意味 他人でも近所で始終行き来していれば、遠くに暮らしている親戚より、より助けになるものである。

解釈 ㊐ 遠方の親戚よりも近所の他人のほうが、何かの時のたよりになる。また、疎遠な親戚よりも親密な他人のほうがかえって助けになるということ。「遠き親子より近き他人」ともいう。

解釈 ㊓ 血縁であっても遠く離れて、めったに会わなければ疎遠になるし、他人でも近所で始終行き来していれば、より親密になるものである。急いでいる時に間に合うし、頼りになるのも近くに住む他人である場合が多いのだから、普段の近所付き合いは大切にすべきであるということ。

344

㊐ **毒を以って毒を制す** 독은 독으로써 누르다

㊓ **이열치열** 以熱治熱

意味 悪事を押さえるためには、またそれ位の別の悪事をもって対応する。

解釈 ㊐ 毒をもって毒をせめるように、悪を除くのに悪を用いることのたとえ。「火は火で治まる」ともいう。

解釈 ㊓ 熱いといって涼しいところや冷たいものばかりを求めるよりは、同じ位の熱いものに接することのほうが、その暑さは治まる。このように、悪事を押さえるためには別の悪事を利用すればよいということ。「열로 열을 친다　熱を以って熱を治む」ともいう。

345

㊐ **心太《ところてん》に目鼻付けたような和郎《わろ》**　우무에 눈코 붙인 듯한 놈

㊊ **두부살에 뼈**　豆腐のような白い身に骨

意味　体が弱々しく頼ることができそうではない人のたとえ。

解釈 ㊐　いかにも頼りなさそうな男のたとえ。

解釈 ㊊　とても虚弱で、少しの痛みでも誇張していう人をからかっていうことば。

346

㊐ **年こそ薬なれ**　나이야말로 약이다

㊊ **세월이 약**　歳月が薬

意味　時間の流れの大切さ。

解釈 ㊐　年を重ねることが、その言動を制御する薬になる。年を取るに従って、思慮分別がついてくること。なんといっても長年の経験が一番大事だということ。「としは物ぐすり」、「亀の甲より年の功」ともいう。

解釈 ㊊　現在は、問題や悩み事を抱いてくよくよしても、時が流れていつのまにか問題解決となってくるという意。

347

㊐ **年寄れば欲深し**　늙으면 욕심이 더 많다

㊊ **늙은 말 콩 더 달란다**　老い馬は大豆をよけいに欲しがる

意味　年を取ると欲張りになる。

解釈 ㊐　年を取るにつれて遠慮がなくなり、欲張りになる。

解釈 ㊊　年を取った馬は食べる量が少なくなるから、食べる大豆も少なくなるはずなのに、意外にたくさん欲しがるということ。人間も年を取ってゆくほど、欲張りになるものであるということ。※三つの大嘘：商売人が物を売ってから損をしたということ、オールドミスがお嫁にいかないということ、年寄りが早く死にたいということ。

348

㊐ **隣の花は赤い**　이웃집의 꽃은 붉다

㊙ **남의 밥은 희다**　他人の飯は白い

意味　人のものはどれもよく見えてうらやましがること。

解釈 ㊐ 同じ花が自分の家の庭にも、隣の家の庭にも咲いていると、本来同じ色のもののはずなのに、何となく隣の花の方が赤の色が濃く見える。何でも他人のものは、よく見えてうらやましく思われるということ。また、変ったものを珍しがって欲しがること。「よその花は赤い」、「となりの芝生は青く見える」ともいう。

解釈 ㊙ 白い飯とは旨いという代名詞で、白ければ白いほどおいしいということ。他人の飯はおいしいという意。自分のものより他人のものは、立派に見えてうらやましいということ。「남 손의 떡은 커 보인다　人の手の餅は大きく見える」

349

㊐ **鳶《とび》が鷹《たか》を生む**　소리개가 매를 낳는다

㊙ **뱁새가 매를 낳는다**　朝鮮みそさざいが鷹を生む

意味　平凡な親から、非凡な子供が産まれる。

解釈 ㊐ 鳶が鷹を生むように、平凡な両親が、優れた非凡な子供を産むということ。「鳶が孔雀を生んだ」ともいう。

解釈 ㊙ 朝鮮みそさざいは小さくて力の弱い鳥である。その微弱な鳥が産んだ鳥は、何と大きくて力の強い鷹であるということ。平凡な親が優れた子を産むということのたとえ。

350

㊐ **飛ぶ鳥の献立**　나는 새의 식단

㊙ **김치국부터 마신다**　キムチ汁から先に飲む

意味　早まりすぎること。自分のものになる前に、それを何に使おうかと計画を立てること。

解釈 (日) まだ捕まえてもいない鳥の調理法を考えること。当てにならない期待をし、早まりすぎること。「とらぬ狸の皮算用」ともいう。

解釈 (韓) 餅を食べる前に、のどを潤すために、キムチ汁をまず一口飲むのが一般的である。まだ餅も出ないうちにキムチ汁を飲むとは、手回しが早すぎるという意。

351

(日) **飛ぶ鳥も落ちる**　나는 새도 떨어진다

(韓) **나는 새도 떨어뜨린다**　飛ぶ鳥も落とす

意味　権威や威勢が盛んなようす。

解釈 (日) 空を飛んでいる鳥さえも、圧倒されて落ちるほど、権威が極めて高いため、なにごとも思うままになすことができるということ。「飛ぶ鳥も落とす」ともいう。

解釈 (韓) 日本と同じ。

352

(日) **とらぬ狸の皮算用**　잡지도 않은 너구리 가죽 계산

(韓) **알 까기 전에 병아리 세지 말라**　卵を孵す前にひよこを数えるな

意味　将来の、しかも不確かなことに期待をかけ、それを当てに気楽な計画を立てること。

解釈 (日) 狸の皮はとても高価なもので、狸を捕まえたら大金持ちになる。まだ狸を捕まえもしないうちから、皮を売って儲けた計算をする。「置き網を言う」、「飛ぶ鳥の献立」ともいう。

解釈 (韓) 昔から韓国の農家では、鶏を売って財源をつくったり、また、鶏は最高のスタミナ料理として、大事な娘の主人である婿にもてなしをしたりする食材でもあった。その財源や食材を手に入れたつもりで計画を立てる。

353

㊐ **取るものも取りあえず**　취하는 것도 우선

㊊ **한 가랑이에 두 다리 넣는다**　一つの股に二本の脚を入れる

意味　とても急ぐさまを比喩的にいうたとえ。

解釈 ㊐ 〔「取り敢えず」は、とるべきものもとらずにの意〕急な必要が生じ、大急ぎで、また、あわてて行動するさま。

解釈 ㊊ 一般に一つの股に一つの脚を入れるのが常識だが、状況が急であるあまり、あわてて一つの股に二つの脚を入れてしまうという事で、とても急ぐことをいう。

354

㊐ **泥棒を見て縄をなう**　도둑을 보고 새끼를 꼰다

㊊ **도둑 맞고 싸리문 고친다**　盗まれて萩《はぎ》の戸を直す

意味　事が起こってから準備をしたり、対応が遅れて間に合わないこと。

解釈 ㊐ 泥棒を見てから縛る縄をなうように、事が起こってから慌てて準備をすること。また、準備を怠っていきあたりばったりに、ものごとをすることのたとえ。「盗人を見て縄をなう」ともいう。

解釈 ㊊ 普段、戸締まりをおろそかにしたせいで物を盗まれてから、やっと気がついて戸締まりに気を使う。平素から用心せずに、何か事が起こってから対処してももう遅いことから、対応が遅れて間に合わないということ。「萩の戸」は萩を編んで作った門。「도둑맞고 빈지 고친다　盗まれて雨戸を直す」、「소 잃고 외양간 고친다　牛を無くして厩を直す」ともいう。

355

㊐ **飛んで火にいる夏の虫**　불에 뛰어드는 여름벌레

㊊ **내 밑 들어 남 보이기**　自分の尻を上げて人に見せること

意味　自ら滅亡を招くこと。

解釈 ㊐ 夏の夜に炎の明るさに集まってきた虫が火に飛び込んで焼け死ぬことから、進んで自分を滅ぼすような禍や危険の中に身を投げることのたとえ。

解釈 ㊊ 自分の過ちや弱点を自ら表す愚かなことをいうことば。

356

㊐ **とんびに油揚げさらわれる**　소리개에게 튀김 가로채인다

㊊ **남의 다리 긁는다**　他人の脚を掻く

意味　一所懸命にしてきたことが、人の為になってしまったことをいう。

解釈 ㊊「잠결에 남의 다리 긁는다　夢うつつに他人の脚を掻く」ともいう。

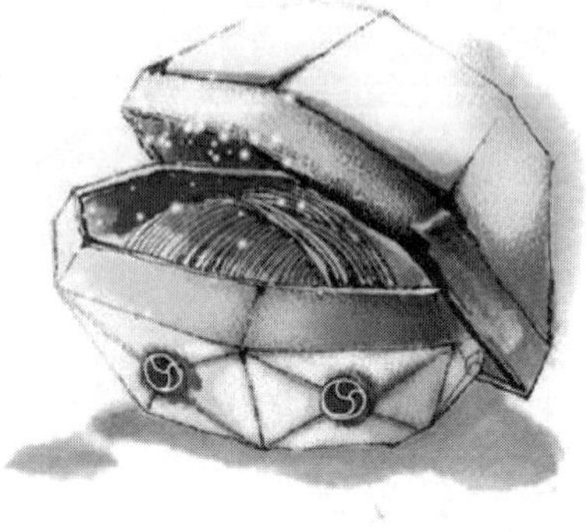

な

357

㊐ **ない袖《そで》は振れない**　없는 소매는 흔들 수 없다

㊙ **없는 꼬리 흔들까**　ないしっぽを振るか

意味　実際に持っていないものには、どうにもならない。無いものは、どうしょうもない。

解釈 ㊐ 袖の中には、金銭など貴重なものを入れておくが、その袖をいくら振り動かしても、何も出て来ないということ。実際に無い物はどうにも動かしようがない。そして、やりたいと思っても力がなくてはどうにもならない。多くは金銭や資力についていっている。

解釈 ㊙ しっぽがなければ、しっぽを振ることができないように、持ち合わせがなくては、どうにもならないことをいっている。いかにやりたくても力がなくては、どうにもならない。資力のない者などに使う。

358

㊐ **ないもの食おうが人の癖**　없는 것을 먹으려는 것이 사람의 버릇

㊙ **절에 가 젓국을 찾는다**　寺に行って塩辛汁をさがす

意味　無い物が欲しくなるのは人間の心理。

解釈 ㊐ たくさんあるものにはあまり食指が動かないが、少ないもの、ないものにはよけいに欲しくなるということ。「無いもの食いたがる」、「無いものねだり」ともいう。

解釈 ㊙ 坊主は菜食をするのだから、坊主が暮らしている寺に塩辛汁がある訳が無い。無いものを、よけいに欲しがるのが人の心情である。「과부집에 가서 바깥양반 찾기　後家さんの家へ行って主人を呼ぶ」ともいう。

359

(日) **泣き面に蜂**　우는 얼굴에 벌 침

(韓) **엎친 데 덮친다**　伏せられたところに覆い被さる

意味　困っていることの上に、更に困ったことが起こる。

解釈 (日) 泣いている顔をさらに蜂が刺す。不幸の上に不幸が重なる。また、苦痛の上に、さらに苦痛が重なることのたとえ。「泣き面を蜂が刺す」、「踏んだり蹴ったり」ともいう。

解釈 (韓) 転んで腹ばいの状態になっている所に、さらにその上に、ものが覆い被さることから、まずいことがおこっているところへ、さらに悪いことが重なるという意。「챈 발에 곱챈다　蹴られた足また蹴られる」、「이 아픈 날 콩밥한다　歯の痛い日に豆飯作る」、「안되는 사람은 뒤로 넘어져도 코가 깨진다　だめな人は後向きに倒れても鼻が折れる」ともいう。

360

(日) **泣く子に乳**　우는 애에게 젖

(韓) **우는 아이 젖 준다**　泣く子供に乳を与える

意味　行った言行に対してただちに効果が表れること。

解釈 (日) 泣いている赤ちゃんに乳を与えると、すぐ泣き止むことから、効果がてきめんに現れること。

解釈 (韓) 何も話さず黙っていると人はわからないので、必要なときには必ず求めないと得られないという意。「울지 않는 아이 젖 주랴　泣かない子供に乳を与えない」ともいう。

361

(日) **仲人は腹切り仕事**　중매장이는 할복하는 일

(韓) **중매를 잘하면 술이 석 잔이고 못하면 뺨이 세 대라**　仲人を良くすれば酒が三杯で悪ければほっぺたが三回

意味　仲人の仕事はとても大事で、いい加減な気持ちで引き受けてはならないというたとえ。

362

㊐ **茄子を踏んで蛙と思う**　가지 밟고 개구리라 여긴다

㊙ **제 방귀에 제가 놀란다**　自分の屁に自分が驚く

意味　自分が行ったことに対して、自身で驚くという意味。

363

㊐ **七重《ななえ》の膝《ひざ》を八重《やえ》に折る**　칠중의 무릎을 팔중으로 접는다

㊙ **발이 손이 되도록 빌다**　足が手になる程謝る

意味　心を尽くして一所懸命に謝るさま。

解釈 ㊐ 非常に丁寧にしたうえにさらに丁寧にして、謝ったり頼んだりするさま。「七重の襞を八重に折る」ともいう。

解釈 ㊙ 手だけでは足りなくて、足まで動員して熱心に謝ることをいう。

364

㊐ **七転び八《や》起き**　칠전팔기

㊙ **칠전팔기**　七転八起

意味　何回失敗してもくじけないで立ち直ること。

365

㊐ **名は体を現わす**　이름은 본체를 나타낸다

㊙ **용모 보고 이름짓고**　容貌見て名前をつくり
체격 보고 옷 만든다　体つき見て着物を作る

意味　名前や名称はそれにふさわしい性質を現す。

解釈 ㊐ 名前は実体を表しているというように、人の名前、物の名称はよくそのものの実体、本性を表すものである。

解釈 ㊊ 顔の形を見て、その顔にふさわしい名前を付け、体の大きさを見て、体に合うようにサイズを測って服を作る。どんなことでも、その分際にふさわしく、また、その大きさに似合うよう対応すべきであるということ。

366	㊐ **ならぬ堪忍するが堪忍**	되지 않는 인내하는 게 인내
	㊊ **주먹이 운다**	拳骨が泣く

意味　極めて我慢に我慢を重ねるさま。

解釈 ㊐ 我慢できそうにないことでも懸命に我慢することが我慢である。

解釈 ㊊ 悔しいことがあって腕力を振り回したいが、我慢してじっと耐えるということ。

に

367

㊐ **二階から目薬**　이층에서 안약 넣기

㊙ **신 신고 발바닥 긁기**　靴履いて足の裏を掻く

意味　回り遠くて思うようにならないこと。あまり効果のないたとえ。

解釈 ㊐　二階から下にいる人に目薬をさそうとしても、思うように入らないように、回り遠くて、効き目のないことのたとえ。「天井から目薬」ともいう。

解釈 ㊙　靴を履いたままで足の裏を掻いても、利き目がなくすっきりしなくてもどかしいように、仕事をしても思うようにならないばかりで、気がじれったくなるということ。

368

㊐ **錦《にしき》を着て故郷へ帰る**　고향에 비단옷을 입고 돌아간다

㊙ **금의환향**　錦衣還郷

意味　出世して故郷へ帰る。

解釈 ㊐　故郷を離れて長く他所で暮らしながら、立身出世をして故郷に帰る。故郷に帰るときは、堂々と華やかに帰ってくる。「故郷へ錦を飾る」ともいう。

解釈 ㊙　美しい着物を着て故郷へ帰るということから、出世して故郷へ帰る。「錦衣」は、にしきでつくった美しく豪華な着物。

369

㊐ **錦《にしき》を着《き》て夜行《ゆ》く**　비단옷 입고 밤 외출

㊙ **어둔 밤에 눈 끔적이기**　暗い夜にまばたき

意味　人の見ていないところでする行為や成功は何の魅力もないとのこと。

370

日 **二兎《にと》を追う者は一兎をも得ず**	두 마리의 토끼를 쫓는 자는 한 마리도 못 잡는다
韓 **멧돼지 잡으려다 집돼지 잃는다**	猪狩りにいって家の豚を逃す

意味　欲張ると益が逃げる。

解釈 日　二羽の兎を同時に捕まえようとして追いかけると、結局は一羽も獲られないということから、欲張って一度に多くの利益を得ようとすると、かえって何の利益も得られないことのたとえ。「虻蜂とらず」ともいう。

解釈 韓　猪を狩するために家を出たら、その間に家の豚が逃げてしまったということ。欲に目がくらんで元も子も無くして、何一つ満足な結果が得られないことのたとえ。「양손의 떡　両手に餅」ともいう。

371

日 **女房の悪いのは六十年の不作**	아내 나쁜 것은 육십년의 흉작
韓 **아내 나쁜 것은 백년의 원수, 된장 신 것은 일년의 원수**	女房の悪いのは百年の仇、味噌の酸いのは一年の仇

意味　悪い妻に巡り会うと一生が不幸になる。

解釈 日　夫にとってためにならない妻を悪妻というが、このような妻は、夫の出世を妨げるような言動をする。理想とはほど遠い妻に対してもらす愚痴のこと。「悪妻は百年の不作」ともいう。

解釈 韓　味噌は毎年作るので、今年の味が悪くても次の年にはおいしく作ることができる。しかし、悪妻は毎年変えるわけにはいかない。悪い妻にめぐり会えば、一生を無駄にするということ。

韓国のことわざ由来

누워서 침 뱉기

横になって唾を吐く

ボンソッチュウは修養大軍が政権を治めている際に功績を挙げて、正二品の官職にまで昇った人だった。しかし官職が高くなるにつれて欲望を張り始めた。彼は春になると人々にたまご一個ずつを配り、秋には鶏を一羽ずつ捧げるように命じた。また、全羅道水軍節度使である時は、島人にごまと綿の木を植えるようにして、思ったより収穫が少なければ税金という名目で島人の穀物を奪い取った。こんなに欲を張っていた奉石柱は自分の財産と生命を守るために防衛隊を養成した。そのせいで遂に逆賊に追い込まれて若い歳で死に至った。このことから「自らの行為により禍を招く」という意味の「横になって唾を吐く」とのことわざが生まれた。

ぬ

372

日 **糠《ぬか》に釘** 겨에 못

韓 **호박에 침 주기** かぼちゃに針

意味 何の反応も利き目もないこと。

解釈 日 糠に釘を打つように、何の手応えも効き目もないことのたとえ。「馬の耳に念仏」、「豆腐にかすがい」ともいう。

解釈 韓 かぼちゃに針を、いくら打っても何の反応も見せない。このようにある行動に対しては、何の反応もなく利き目もなく無駄なことをいう。あるいは、とてもやりやすいことに対しても使う。「누워서 떡 먹기　寝て餅を食う」ともいう。

373

日 **糠袋《ぬかぶくろ》と小娘は油断がならぬ** 겨 주머니와 소녀는 방심치 못한다

韓 **유리와 처녀는 깨어지기 쉽다** 硝子と処女は壊れやすい

意味 婚前の娘の身持ちには、十分気を配るべきである。

解釈 日 糠袋はほころびやすいし、小娘は子供だと思っていても、知らない間に成熟しているので、いずれも目が離せない。「小娘と小袋は油断がならぬ」ともいう。

解釈 韓 ガラスを割れないように扱うことはむずかしい。大勢の若者からちやほやされる小娘は、虫のつかぬように、いつも目を離してはならない。「장작불과 계집은 쑤석거리면 탈 난다　たき火と女はいじくれば問題を起こす」ともいう。

374

日 **盗人猛猛《たけたけ》し** 도둑 뻔뻔스럽다

韓 **도적이 코 세운다** 盗賊が鼻立てる

ぬ

意味　悪事をはたらきながら平気な顔をして、堂々と行動する人をそしっていうたとえ。

375

日	**盗人にも三分の理**	도둑에게도 삼분의 이유
韓	**처녀가 애를 낳고도 할 말이 있다**	処女が子を産んでも言い訳がある

意味　どんなに筋の通らないことにも、弁明する理由があるということ。

解釈 日　泥棒にも、盗みをしたことを正当化するそれなりの言い訳があるように、どんなに筋の通らないことにも、理屈をつければつけられるということ。「盗人にも五分の理」ともいう。

解釈 韓　お嫁にいく前の生娘が、子どもを産むことは大きな恥であり、まともに結婚することが難しくなるが、未婚の母となっても、それなりの理由がある。これと同じように、ちょっとした間違いをおかしたとしても、弁明する理由があるということ。「여든에 죽어도 핑계는 있다　80才に死んでも言い訳はある」、「핑계 없는 무덤 없다　言い訳のない墓はない」ともいう。

376

日	**盗人にも仁義あり**	도둑도 의리 있다
韓	**도둑질을 해도 손발(눈)이 맞아야 한다**	盗みをしても手足「目」が合わなければならない

意味　人間世界には、悪いことばかりを犯す盗人にも心の接点がある。

解釈 日　「仁義」は、義理や礼儀のことで、無法に見える盗人同士の世界にも、それなりに守るべき仁義というものがあるということば。

解釈 韓　物事を行う際はなにごとにおいても、仮に盗みをしても、互いの心が一つになってこそ目的を果たすことが出来るということば。

377

日 **布に応じて衣服を裁て**　옷감에 따라 의복을 재단하라

韓 **작게 먹고 가는 똥 누어라**　小さく食べて細い大便をしろ

意味　地位や身分に応じた分別ある生活をすべきであるというたとえ。

解釈 日　材料となる生地の大きさや材質に合わせて裁断しなければ、ぴったりした衣服を作ることはできない。「パンに合わせてスープを作る」「入るを量りて出すを為す」ともいう。

解釈 韓　自分の能力も考えず欲張りばかりをせずに、自分に応じた分別のある暮らしをすべきだとの意。

378

日 **濡れ衣《ぎぬ》を着せられる**　젖은 옷이 입혀진다

韓 **남의 똥에 주저앉고 애매한 두꺼비 떡돌에 치인다**　人の糞にどっかと座り罪なきヒキガエルが畳石に轢かれる

意味　無実の罪におとしいれられる。

解釈 日　着たくもない濡れた着物を着せられるように、無実の罪を着せられること。また、ありもしない浮き名をたてられることをいう。

解釈 韓　自分の糞でもない他人のたらした糞にどっかと座り、罪のない、がま畳石に轢かれるということ。「がま畳石」は、餅つきに用いる平たい石。「거미줄에 목을 맨다　くもの巣に首をくくる」ともいう。

ぬ

379

日 **濡れ手で粟**　젖은 손에 좁쌀

韓 **마당 삼을 캐었다**　庭の山人参を掘り出す

意味　苦労をせずに、大きな利を手に入れること。

解釈 日　ぬれた手で粟をつかむと、粟粒をたくさんつかめることから、

濡れ手で粟

苦労しないで利益を得ることのたとえ。「一攫千金」ともいう。

解釈 ㊥ 山人参は人の出入りの少ない山奥で育ち、食べると万病に効き、とても高価で貴重なものである。こんな珍しいものがめったに生えることのない家の庭で簡単に掘り出せるということ。

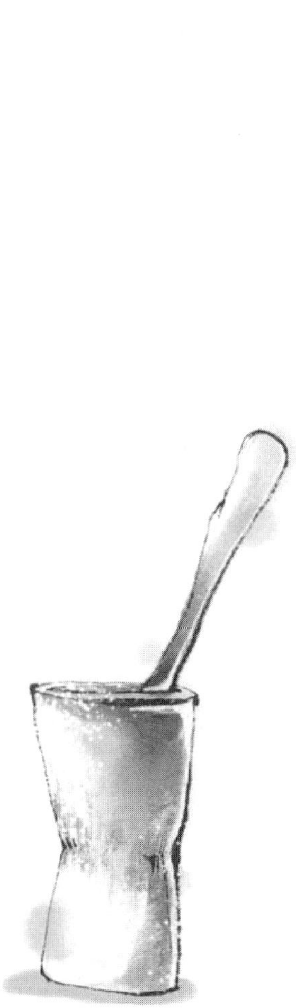

ね

380

㊐ **願ったり叶ったり**　바라는 대로 되었다

㊑ **안성맞춤**　安城《アンソン》の誂《あつら》えぴったり

意味　願い通りに、ものごとが成り立つこと。

解釈 ㊐ より高い願いごとが思い通り叶った時に言う。

解釈 ㊑ 京幾道の安城 (地名) は真鍮の器で有名なところ。お客が注文して作らせた品物が、十分に気に入っていたということから生まれたことわざである。

381

㊐ **猫にかつおぶし**　고양이에 생선 다시다

㊑ **범에게 개 꿔 준 격**　虎に犬を貸し与えたようなもの

意味　あやまちが起こりやすいこと。危険であること。

解釈 ㊐ 猫の大好物であるかつおぶしを、猫の近くに置くということで、過ちを誘いやすいことや油断のならないこと。「盗人に蔵の番」ともいう。

解釈 ㊑ 虎に犬を貸し与えることは非常に危険である。犬を返してもらえると思うのは非常識なことである。返してもらえる見込みのない人に貸し与えて、その返済を待ち望むことは無駄なことであるということ。

382

㊐ **猫に小判**　고양이에게 금화

㊑ **돼지 우리에 주석 자물쇠**　豚小屋に真鍮の錠

意味　まるで反応も効果もないこと。

解釈 ㊐ 猫に高価な小判を与えても、またどんなに貴重なものでも、その価値が分からず、何の役にも立たないことをたとえている。「豚に真珠」、「猫に石仏」ともいう。

解釈 ㊙ 豚小屋に高価な真鍮の錠をかけても釣り合いがとれず、柄に合わない飾り立てをするなど、みっともないことをするたとえ。

383

㊐ **猫の魚辞退** 고양이의 물고기 사퇴

㊙ **마음에 없는 염불** 心にない念仏

意味 したくない事をやむをえずすることをいう。

解釈 ㊐ 猫が大好きな魚を断るはずがなく、口先だけのこと。

解釈 ㊙ 心の中からはやりたい気持ちがひとつもないのに、念仏を唱えるということ。

384

㊐ **猫の手も借りたい** 고양이 손이라도 빌리고 싶다

㊙ **발등에 오줌 싼다** 足の甲におしっこをもらす

意味 大変忙しい状況をいうたとえ。

解釈 ㊐ 何の役にも立たない猫の手さえ借りたくなるという意から、非常に忙しく、だれでもよいから手伝ってくれる人手が欲しいということ。

解釈 ㊙ トイレに行くほんの少しの余裕もないあまりに、足の甲におしっこをもらしてしまうほど、大変忙しい状況を比喩的にいうことば。「정신없이 바쁘다　精神なくすほど忙しい」、「눈코 뜰 새 없다　目や鼻をあける間もない」ともいう。

385

㊐ **猫の額** 고양이 이마

㊙ **손바닥** 手のひら

意味 場所が狭いことのたとえ。

解釈 ㊙「코딱지　鼻くそ」ともいう。

386

㊐ **寝た子を起こす**　자는 아이 깨운다

㊗ **잠자는 범 코침 주기**　眠る虎の鼻に針刺し

意味　よけいな働きで問題を起こすこと。

解釈 ㊐ 寝ている子どもを無理に起こせば、泣いたりさわいだりしてうるさくなるように、せっかく収まっていることに、よけいなおせっかいをして、余計な問題を生じさせること。「雉子も鳴かずば射たれまい」ともいう。

解釈 ㊗ 静かに眠っている虎のところに近づき、虎の鼻に針を刺し刺激を与えて起こすと、虎は怒って、大変な目にあうということ。自ら災害を招く行為をするたとえ。「아무렇지도 않은 다리에 침놓기　なんでもない脚に針を打つ」ともいう。

387

㊐ **熱し易いものは冷め易い**　달기 쉬운 것은 식기도 쉽다

㊗ **속히 데운 방이 쉬 식는다**　早く暖まる部屋は早く冷える

意味　ものごとに熱中しやすいものは、また冷めるのもはやい。

解釈 ㊐ 時間をかけずに、すぐに熱くなるものは、冷めるのも早い。

解釈 ㊗ 短い時間で部屋が暖まると、短い時間で部屋が冷めてしまう。早く出来上がる仕事は、そのうち過ちが見つかったりして無駄になりやすいということ。※三国(弥生)時代に温突(オンドル)の暖房方式が創案され、今日まで使いつづけてきた(高句麗は北に位置して、一番寒い所なのでオンドルの発祥地である)。昔のオンドルは、台所の焚き口に薪や落ち葉を燃やし、その熱いけむりが部屋の床下を通り、煙突に抜ける仕組みであった。現代は床下にらせん形のパイプを設置し、そのなかに湯を循環させる仕組みである。燃料はガス、電気、石油などで、ボイラーを作動することによって部屋が暖まる。

388

㊐ **寝耳に水**　잠자는 귀에 물

㊗ **아닌 밤중에 홍두깨**　暗闇に砧の丸太棒

意味　まったく思いがけない出来事や不意の知らせを聞いて驚くこと。

解釈 ㊐　元は、眠っているときの耳に、水音が聞こえて来ることをいったが、のち、水が実際に耳に入ると解されるようになった。「足下から鳥」、「寝耳に擂り粉」、「藪から棒」、「窓からやり」ともいう。

解釈 ㊗　砧の丸太棒は、日中の洗濯物をきれいに整えるため、アイロンの代りに用いるものである。ところが、暗い夜中に、砧の丸太棒を使うということは、予想外のことである。思いもかけないことばを突然しゃべったり、出し抜けに行動をするときに使っている。

389

㊐ **念には念を入れる**　생각에는 생각을 넣는다

㊗ **글 속에도 글 있고**　文中にも文あり
말 속에도 말 있다　話中に話あり

意味　文章やことばはよく吟味しなければならないということ。

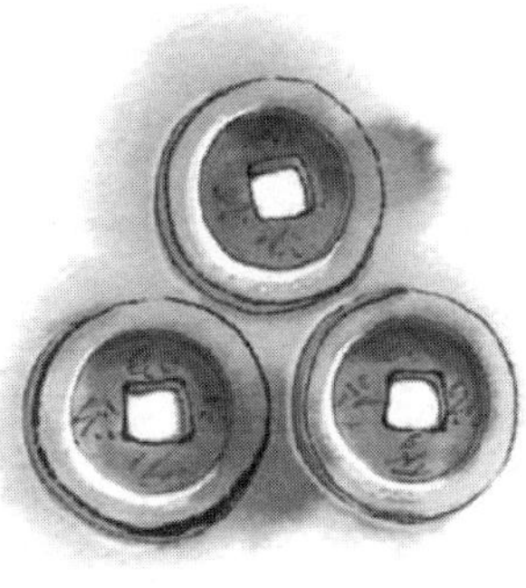

の

390

日	**能ある鷹はつめを隠す**	재주있는 매는 발톱을 감춘다
韓	**고양이가 발톱을 감춘다**	猫がつめを隠す

意味　優れた才能の持ち主は、みだりに自慢しないこと。

解釈 日　優れた才能を持っているような人は、普段は謙虚に構え、それを人に見せびらかしたり、ひけらかしたりしない。

解釈 韓　爪が武器である猫が、普段はそれを隠すことのように、優れた才能の持ち主は、やたらに力量を出して、人に見せたりはしないということ。

391

日	**嚢中《のうちゅう》の物を探るが如し**	주머니속의 물건을 찾는 것과 같다
韓	**입의 혀 같다**	口の中の舌のようだ

意味　自分の気ままに動かせられて、とても便利であるという意。

392

日	**喉から手が出る**	목구멍에서 손이 나온다
韓	**목 멘 개 겨 탐한다**	喉の詰まった犬が糠を欲しがる

意味　ひどく欲しがる。

解釈 日　喉から手を出して食べたくなるほど、物を欲しがること。

解釈 韓　糠は水気がなくて食べると喉が詰まるが、糠を食べて喉が詰まっている犬が、これ以上食べられないのに、また糠を欲しがっていること。果たす能力も持っていないのに、余計に欲張るということ。

393

㊐ **喉元過ぎれば熱さを忘れる**　목구멍만 넘어가면 뜨거움을 잊는다

㊙ **뒷간 갈 적 맘 다르고 올 적 맘 다르다**　便所へ行く時の気持ちと戻る時の気持ちは違う

意味　苦しいことも、過ぎてしまえば簡単に忘れてしまう。

解釈 ㊐ 熱いものも、喉から入ってしまえば熱さを感じなくなって、苦痛を忘れてしまうように、苦しかったことも過ぎ去ってしまえばまったく忘れてしまう。また苦しい時には人を頼みとし、その苦しさが取り除かれれば、その恩を忘れることをいう。「病治りて医師忘る」ともいう。

解釈 ㊙ 便所へ行く時のつらく苦しい気持ちと、用事が終わって戻る時の快い気持ちは違うということ。自分に用のある時はお百度を踏む (何度も行く) が、用事が済むと疎遠になるということ。

394

㊐ **呑まぬ酒には酔わぬ**　마시지 않는 술에는 취하지 않는다

㊙ **껍질 없는 털이 있을까**　皮のない毛があるか

由来は 44 ページを参照

意味　物事には根拠となる原因や土台があるという意。

解釈 ㊐ 酒を飲んでもいないのに酔うわけがないことから、原因があるからこそ結果がある。

解釈 ㊙ 毛にはそれを支える皮があるように、土台があってこそ、その上に出来ることがあるということ。

395

㊐ **蚤の夫婦**　벼룩 부부

㊙ **방아깨비 부부**　こめつきばったの夫婦

意味　夫より妻の方が、体の大きい夫婦。

解釈 ㊐ のみは雌が雄より体が大きいことから、夫より妻の方が、体の大きい夫婦のことをいう。

解釈 ㊙ こめつきばったは雄よりも雌のほうが大きいことから、夫より妻の方が、体の大きい夫婦をこめつきばったの夫婦という。

396		
	日 **乗りかかった船**	타기 시작한 배
	韓 **벌인 춤**	広げ始めた踊り

意味　物事を始めた以上は、中止するわけにはいかないということ。

解釈 日 いったん、船に乗って岸を離れたからには、途中で下船できないこと。「渡りかけた川」ともいう。

解釈 韓 踊りがすでに始まって、これから盛り上がろうとするとき、これを途中で止めることはできないこと。後戻りがきかないということ。

397		
	日 **暖簾《のれん》に腕押し**	커튼 팔로 밀기
	韓 **하늘 보고 주먹질한다**	空に向かって拳骨を振る

意味　手ごたえのないことのたとえ。

解釈 日 「暖簾と脛押し」ともいう。

解釈 韓 空に向って拳骨を振っても何の変わりがないように、何の変化もなく何の役にも立たない事をいう。

韓国のことわざ由来

도둑이 제 발 저리다
泥棒の足が痺れる

中国、三国時代、曹操《チョヂョ》の庭に枇杷の木が一本あった。曹操は枇杷の実を密かに数えることを楽しみにしながら、誰もその実を摘み取らないようと命じた。ところが一人の家来が曹操のいない時に枇杷の実二個を摘み取って食べた。この事に気づいた曹操は家に出入りする家来の何人かを呼んで庭の仕事をするようにした。そして、急に、枇杷の木を切り取るように命じた。すると一人の家来が「枇杷の実はとてもおいしかったのにどうして切り取ってしまうのですか。」と言って枇杷の実を摘み取ったのがばれた。

は

398

㊐ **敗軍の将兵を語らず**　패군의 장병은 말하지 않는다

㊙ **패장은 말이 없다**　敗将はことばがない

意味　戦いに敗れた将軍は、武勇について話すことは出来ない意から、失敗した者はそのことについて発言する資格はないということ。

399

㊐ **吐いた唾を呑む**　뱉은 침 먹는다

㊙ **침 뱉은 우물 다시 먹는다**　唾を吐いた井戸水を再び飲む

意味　心に決めてしたことを撤回する。

解釈 ㊐　吐いた唾を再び呑むということで一度言ったことを翻す。約束をたがえるとの意。

解釈 ㊙　二度と相手にしない振りをしてから、必要となり再び求めることをいうことば。

400

㊐ **馬鹿と鋏は使いよう**　바보와 가위는 쓰기 나름

㊙ **접시 밥도 담을 나름**　皿の飯も盛り方次第

意味　物事はやり方次第である。人を使うには、それぞれの個性や才能に応じた適材適所が大切であること。

解釈 ㊐　切れ味の悪い鋏は普通に使うと、少しも切れないが、力の入れ具合や刃の当て方を工夫して使えば、結構切れるものだ。人もこれと同じで、愚かなものでも、その使い方次第では役に立つ。人を使うには、それぞれの個性や才能に応じた適材適所が大切であることをたとえている。「阿呆と剃刀は使いようで切れる」ともいう。

解釈 ㊙ ご飯は底の深い小碗に盛るもので、皿には盛らない。だが、いかに小さな器でも、盛り方次第で多く盛ることも少なく盛ることもできるように、物事はやり方次第であるということ。「왼팔도 쓸 데가 있다　左腕も使えるところがある」ともいう。

401		
	日 **馬鹿な子ほど親は可愛い**	바보스런 자식일수록 부모는 사랑스럽다
	韓 **열 손가락을 깨물어 안 아픈 손가락이 없다**	十指を噛んで痛くない指はない

意味　どんな悪い子であっても親として愛する気持ちには差がなく、我が子は皆大切な存在だというたとえ。

402		
	日 **馬鹿の大足**	바보의 큰 발
	韓 **발 큰 도둑놈**	足の大きい泥棒

意味　足の大きな人をからかうことば。その人(仕事)にとって価値のないもの。

解釈 日「目の大きい牡牛、足の大きい泥棒」ともいう。

解釈 韓「눈 큰 황소 발 큰 도둑　目の大きい牡牛、足の大きい泥棒」ともいう。

403		
	日 **測り難《がた》きは人心**	잴 수 없는 것은 사람의 마음
	韓 **열 길 물속은 알아도 한 길 사람 속은 모른다**	十尋《ひろ》の水底はわかっても一尋の人の胸底《むなそこ》はわからぬ

意味　人の思っていることは、外見では量ることができない。

解釈 ㊐ 世の中で、うかがい知ることができないものは他人の心だ。また、人の心は変りやすく、頼みにならないということ。「人心は測り難し」ともいう。

解釈 ㊙韓 尋は長さの単位で、人の背丈くらいの長さとして一尋は約1.8mである。十尋あっても水の深さは分かるけど、人間の胸のうちはちょっとしたことでも測り知れないということ。「쉰 길 물속은 알아도 한 길 사람 속은 모른다　五十尋の水の中は知っていても 一尋の人の心中は 知らない」ともいう。

404

㊐ **馬耳東風**　마이동풍

韓 **쇠 귀에 경 읽기**　牛の耳にお経読み

意味　人の意見や批評などを聞き流して、気に留めないこと。

解釈 ㊐ 馬の耳に東風が吹いても、馬は何も感じないように、何を言ってやっても少しも反応しないこと。「馬に経文」「馬の耳に念仏」「柳に風」ともいう。

解釈 韓 文字も経も知らない牛に、経を読んで聞かせるのと同じように、ものわかりの鈍い者には、どんなに言い聞かせても分からないものである。いくら意見を言ってもなんとも感じないし、ききめがない。このような人に対して使う。「우이독경 牛耳読経」ともいう。

405

㊐ **始め半分**　시작이 반

韓 **시작이 반이다**　始めたら半ば成功したようなもの

意味　始めたら半分できたものと同じ。

は

解釈 ㊐ 何ごとも始めることが難しいものである。一旦心に決めて始め出したら、すでにその半分は出来上がったものと同じだということ。

解釈 韓 日本と同じ。

406

(日) **始めよければ終わりよし**　시작이 좋으면 끝도 좋다

(韓) **시작이 나쁘면 끝도 나쁘다**　始め悪ければ仕舞も悪い

意味　始めがよければよい結果を生み出す。

解釈 (日)　どんなことでも、最初にとった方法や態度が後々の行動や結果にまで影響するから、最初の段階を慎重に、大事にしなければならないということ。「始めが大事」ともいう。

解釈 (韓)　なにごとも最初がうまく行かなければ、終わりもよい結果をもたらすことはできないということ。

407

(日) **箸も持たぬ乞食**　젓가락 조차 없는 거지

(韓) **불알 두 쪽만 댕그랑 댕그랑 한다**　金玉双かけらだけがごろごろする

意味　まったく何も持っていないこと。

解釈 (日)　乞食であっても、基本的に箸くらいは持っているのが普通だが、箸さえ持っていない。きれいさっぱり何も持っていないこと。「箸を持たぬ丸焼け」、「御器も持たぬ乞食」「逆さに吊るして振っても鼻血しか出ない」ともいう。

解釈 (韓)　金玉以外に何も持っていない男性のように、家の中に金めになるような財物が何一つなく、口では言えぬほどの貧しさをいう。「방 안에서 막대 흔들어도 아무 것도 맞지 않는다　部屋の中で棒振りしても何も当たらぬ」ともいう。

408

(日) **話に花が咲く**　이야기 꽃이 피다

(韓) **이야기 꽃이 피다**　話に花が咲く

意味　話がはずみ、様々な話題で次々と巧みに話す。

409

日 **話半分腹八分**　말은 반 배는 팔부

韓 **말은 반만 하고 배는 팔부만 채우랬다**　話半分しゃべり 腹八分

意味　話は半分、食べ物は腹八分がよい。

解釈 日　たいていの話は誇張がおおいものだから、半分ぐらいに割り引いて聞くぐらいがいいし、食べ物は腹八分でやめたほうがよい。

解釈 韓　ことばは出来るだけ少なめにしゃべるのが失言がなく、食べ物は適当に食べるのが健康によい。

410

日 **鼻血も出ない**　코피도 안 난다

韓 **바늘로 찔러도 피 한 방울 안 난다**　針で刺しても 血一滴出ない

意味　人の面ざしが丹念でしっかりしている様子。性格に隙間がなくて非常にけちであること。日本語の意味は「金を使い切って一文たりともない」である。

411

日 **鼻であしらう**　코로 대하다

韓 **콧방귀를 뀌다**　鼻で屁を出す

意味　ろくな応対もせず、見下ろした扱いをする。すげない態度をとる。

412

日 **鼻と鼻とを突き合わせる**　코와 코를 맞대다

韓 **코와 코를 맞대다**　鼻と鼻とを突き合わせる

意味　互いに接近して密談や会話をする。

413

日 **花より団子**　꽃보다 경단

韓 **금강산도 식후경**　金剛山も食後の景

意味　名より実を尊ぶこと、実質的なものの方がよいということ。

解釈 日　美しい花を見る楽しさより、おいしく食べてお腹のふくれる団子の方がよいということ。

解釈 韓　どんなに素晴らしい景色を眺めるにしても、お腹が空いていては、満足な気分になれない。人間はまず、第一にお腹いっぱいに食事を取ることが大切であるということ。

※金剛山：五岳の一つで世界的名山。江原道高城郡と准陽郡にまたがっていて、九龍瀧などは絶景である。一万二千峰の織り成す美観のうち主峰である昆盧峰（こんろほう）の高さは 1638m である。

414

日 **鼻を折る**　코를 꺾다

韓 **코가 납작해지다**　鼻がぺちゃんこになる

意味　恥をかく。面目をつぶす。

415

日 **鼻をつける**　코를 꿰다

韓 **목에 새끼줄을 걸다**　首に縄を付ける

意味　いやがる人を無理に連れて行こうとするたとえ。

416

日 **腹が黒い**　배가 검다

韓 **뱃속이 검다**　腹の中が黒い

意味　外見と違って心が陰険なこと。

417

日 **腹がへっては戦ができぬ**　배가 고파서는 싸움을 못 한다

韓 **새남터를 나가도 먹어야 한다**　死刑場に出るにしても食わねばならぬ

意味　物事を成し遂げようと思ったら、まず準備が大切だということ。

解釈 ㊐ よい働きをしようと思ったら、まず腹ごしらえをしてかかれということ。

解釈 ㊙ これから間もなく絞首台に上がり、死刑を受けることになってもまず人は、腹ごしらえをしなければならないということ。食べて元気をつけることが、何よりも大事であるということ。

418

日 **腹時計**　배 시계

韓 **배꼽 시계**　臍時計

意味　腹が空いていることで時間を察することが出来るという意味。

419

日 **腸《はらわた》が煮えくり返る**　장이 끓어오르다

韓 **오장이 뒤집히다**　五臓がひっくり返る

意味　激しい怒りで心の中がいっぱいになる。

解釈 ㊐「腸が煮え返る」ともいう。

解釈 ㊙ 五臓とは、「肝臓」、「心臓」、「脾臓」、「肺臓」、「腎臓」のことをいう。

420

日 **腹をよじって笑う**　배를 비틀며 웃다

韓 **허리를 쥐고 웃다**　腰を握って笑う

意味　とてもおかしくてひどく笑うさま。

解釈 (日)「腹の皮がよじれるほど笑う」ともいう。

解釈 (韓)「허리가 끊어지게 웃다　腰が折れるほど笑う」ともいう。

421

(日) **針の穴から天井のぞく**　바늘 구멍으로 하늘 엿보기

(韓) **우물 안 개구리**　井戸の中の蛙

由来は 237 ページを参照

意味　**狭い知識や見識があるだけで、広い世界を知らないこと。**

解釈 (日) 針の穴から空を見て、それを空の全体であると考えること。狭い見識で､大きな問題を判断しようとすることのたとえ。「管の穴から天井のぞく」､「井の中の蛙」ともいう。

解釈 (韓) 井戸の中にいる蛙は、自分の棲んでいる狭い井戸が世界の全部だと思うことから、自分の狭い知識や見解にとらわれて、他にある広い世界には気がつかないということ。

422

(日) **針のむしろ**　침 방석

(韓) **시아버지 무릎에 앉은 것 같다**　舅の膝に座っているようだ

意味　**非常に気難しく不便な状態を比喩的にいうたとえ。**

423

(日) **針を棒にとりなす**　바늘을 막대라 한다

(韓) **아이 자지가 크면 얼마나 클까**　子どもの金玉が大きくても、どれほど大きいか

意味　**小さなことを大げさに考えたり言ったりする。**

424

(日) **春のいなさは鉄《くろがね》通す**　봄 동남풍은 쇠를 뚫는다

(韓) **봄바람은 품으로 기어든다**　春風は懐に入り込む

意味　春に吹く風の寒さは猛烈で、冬の風よりかえって身にしみる。

425

日 **歯を食いしばる**　이를 악물다

韓 **이를 악물다**　歯を食いしばる

意味　苦痛、怒りなどをじっと我慢する様子。

426

日 **犯罪の陰には必ず女あり**　범죄 뒤에는 반드시 여자 있다

韓 **여편네 아니 걸린 살인 없다**　女と関わりない殺人なし

意味　犯罪事件には必ず、女が関わっている。

解釈 日　殺人、強盗、誘拐、暴力など大きな事件の背後には、女がからんでいる。犯罪の表面に出ない黒幕には、必ず女性が暗躍している。

解釈 韓　女と関わり合いのない殺人事件はないということで、どんな事件にもその裏には、必ず女性が存在していることをたとえている。

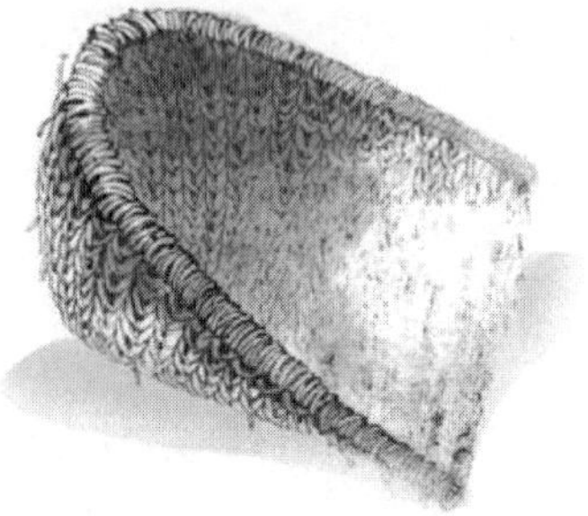

ひ

427

日 **髭《ひげ》の塵《ちり》をはらう**　수염먼지를 털어주다

韓 **불알을 긁어주다**　金玉を掻いて上げる

意味　他人の機嫌をとり、こびへつらうことの意。

428

日 **庇《ひさし》を貸《か》して母屋《おもや》を取られる**　차양을 빌려 주고 안방을 빼앗긴다

韓 **빚 주고 뺨 맞기**　金を貸して頬を打たれる

意味　他人に親切にして、かえって損をするという意。

解釈 日「軒を貸して母屋を取られる」「恩を仇で返す」ともいう。

429

日 **額に八の字をつくる**　이마에 八자를 쓰다

韓 **이마에 내 천 자를 쓰다**　額に川の字を書く

意味　心配ごとや気分が不快なことがあり額をひそめる様子。

解釈 日「眉毛の間に川という字を縫う」「恩を仇で返す」ともいう。

解釈 韓「콧등에 바늘이 설 정도로 패이다　鼻っ柱に針を立てる程窪みが出来る」ともいう。

430

日 **左《ひだり》団扇《うちわ》で暮らす**　왼손으로 부채치며 살다

韓 **발바닥에 흙 안 묻히고 살다**　足の裏に土をつけずに暮らす

意味　苦労して仕事をしなくても比較的楽な生活が出来るとのたとえ。

ひ

431

㊐ **左《ひだり》団扇《うちわ》に日酒を飲む**　왼쪽 부채에 술을 마신다

㊎ **발바닥에 털 나겠다**　足の裏に毛が生えそうだ

意味　贅沢な生活から、体を動かさないことを冷やかしていうたとえ。

解釈 ㊐ のんびりと団扇を扇ぎながら酒を飲むということから気楽に暮らすことのたとえ。

解釈 ㊎ 働かないことは体を動かさないことであり、足を使うこともないので足の裏に毛が生えるのも考えられる。「손바닥에 털 나겠다　掌に毛が生えそうだ」ともいう。

432

㊐ **人垢《ひとあか》は身につかない**　사람 때는 살이 되지 않는다

㊎ **때는 살이 되지 않는다**　垢は身にならない

意味　他人から奪い取ったものは、一時的にしか自分のものにならない。

解釈 ㊐「悪銭身に付かず」ともいう。

解釈 ㊎ 垢と身は本質的に違うので垢が身に見えることがあるかもしれないが身にはならない。

433

㊐ **微動だにしない**　끄떡도 않는다

㊎ **눈도 깜짝 안 한다**　目もびくっとしない

意味　少しも怖がったり驚いたりしない。

解釈 ㊎「왼눈도 깜짝 안 한다　左目もびくっとしない」ともいう。

434

(日) **一言以ってこれを蔽《おお》う**　한마디로 이것을 가린다

(韓) **말 한마디에 천 냥 빚도 갚는다**　ことば一言で千両の借金も返す

意味　ことばだけ良くすればどんな難問も解決出来るということば。

435

(日) **一つを見れば十を知る**　하나를 보면 열을 안다

(韓) **하나를 보면 열을 안다**　一つを見れば十を知る

意味　頭の回転が早くて、抜け目がなく、非常に賢い様子を形容したことば。

解釈 (日) 目から入ったものがすばやく鼻へ抜けるというように、利口で物事の判断などのすばやいこと。「一聞いて十を知る」ともいう。

解釈 (韓) 一つだけを見てから、他の事は教えてもいないのに、十までの事が分かるということ。その一面を見れば全体を知り得ること。ものの見方、考え方が非常に鋭いことをたとえている。

436

(日) **人の噂は倍になる**　세상 소문은 배로 된다

(韓) **말은 보태고 떡은 뗀다**　ことばは補われ、餅は食い減らすもの

意味　噂話は、もとより大きくふくれるものである。

解釈 (日) 噂話というものは、人から人に伝わるごとに大きくなっていくものであること。話は半分に聞けということから、「話半分」ということわざもある。

解釈 (韓) ことばは、人から人へと伝わっていくうちに、言わないことばも付け加えられていく。その反対に、食器に盛られた餅などの食べ物は、回っていくほど減るものであるということ。

437

㊐ **人は見かけによらぬもの**　사람은 외관으로 판단할 수 없다

㊙ **까마귀 겉 검다고 속 조차 검을소냐**　烏の表黒くとも うちまで黒かろうか

意味　人間の本心や人柄のよしあしは、外見の印象とは、かならずしも一致するものではない。

解釈 ㊐　人間の性質や能力は、その人の外見を見ただけでは判断できないということ。温和でつつましそうな人が意外に冷酷であったり、日常華やかに振舞っている人が寂しがりやであったりすること。

解釈 ㊙　烏の表面が黒いからといって、中身まで黒いわけではない。これと同じように、外見が気に入らないからといって、その中身までそうだと思ってはならない。なにごとも、うわべだけで判断することはいけないという戒めのことば。

438

㊐ **人を呪《のろ》えば穴二つ**　남을 저주하면 구멍이 둘

㊙ **남 잡이가 제 잡이**　人取りが己取り

意味　人を呪えば自分にも悪いことが起こる。

解釈 ㊐　恨む相手を呪い殺そうとすれば、その人の穴(墓穴)ばかりでなく、自分も穴に入ることになる。人に害を与えようと謀れば、自分にも、その害心が及んで害を受けるということ。「剣を使うものは剣で死ぬ」ともいう。

解釈 ㊙　人に害を加えようとしていると、かえって相手から害を受けるようになるということ。自分で自分の首をくくること。

439

㊐ **火に油を注ぐ**　불에다 기름을 끼얹는다

㊙ **불 난 데 부채질한다**　火事場に煽る

意味　一段と激しい勢いになる。勢いをさらに加勢する。

解釈 (日) 火が燃えているところに油を注ぎかけると、さらに火勢が増すように、勢いあるものがさらに勢いをつけること。「駆け馬にむち」ともいう。

解釈 (韓) 火を煽って、炎がもっと盛り上がるようにすること。つまり、仕事がうまくいかないところへ、よけいな邪魔をするということと、頭に来た人をよけいに怒らせるということのたとえ。

440

(日) **火の底の針を捜す**　불 속에서 바늘 찾는다

(韓) **문틈에 손을 끼었다**　ドアの隙間に手が挟まった

意味　おかれた状況が非常に困難なことを比喩的にいうたとえ。

441

(日) **火のついたよう**　불 붙은 듯

(韓) **어린애 젖 조르듯**　子供が乳をせがむように

意味　突然慌ただしいさま。子供が急に大声で泣きたてたりむやみに急がせるさま。

442

(日) **火は火元から騒ぎ出す**　불은 불난 곳에서 떠들어댄다

(韓) **불 난 집에서 불이야 한다**　火事を出した家で火事だと叫ぶ

意味　事件を引き起こした張本人が、真っ先に騒ぎ立てる。

解釈 (日) 火事はまず出火させた本人が騒ぎ立てるものだ。「屁と火事は元から騒ぐ」ともいう。

解釈 (韓) 火事だと最初に騒ぎ出す者は、火事を起こした張本人であるということ。「방귀 뀐놈이 먼저 구리다고 한다　屁をひったやつが先に臭いという」「도둑이 도둑이야 한다　泥棒が泥棒だと叫ぶ」ともいう。

443

日 **美味《びみ》も常に食えば旨からず**	좋은 맛도 항상 먹으면 맛없다
韓 **뜻대로 되니까 입맛이 변하다**	思い通りになったら口当りが変わる

意味 良い生活や環境に慣れてしまうと、人はその有り難味を忘れがちであるというたとえ。

解釈 日 おいしい物も食べなれてしまえば、さしておいしさも感じなくなる。

解釈 韓 長く願っていたことが叶うと、間もなく飽きを感じるということ。

444

日 **百年の恋も一時に冷める**	백년의 사랑도 순식간에 식는다
韓 **드는 정은 몰라도 나는 정은 안다**	染まる情は知らなくても消えて行く情は分かる

意味 恋心や情の冷めることは認識しやすい。

解釈 日 思いを寄せていた人の意外な一面を見たり聞いたりしたことによって、永い間思い続けてきた恋心がたちまちのうちに消え失せること。

解釈 韓 情に染まる時ははっきりとは感じられなくても、情が冷めてゆくときには明確にわかるということ。

445

日 **百里の道も一歩から**	백리 길도 한 걸음부터
韓 **만리 길도 한 걸음부터 시작된다**	万里の道も一歩から始まる

意味 何事も手近なところから始めることが大切である。

解釈 (日) どんなに壮大で、時間のかかる仕事でも、スタートの一歩は手近な小さな仕事からはじまるものだということ。遠い旅に出る時、まず第一歩を踏み出すことから始まる。最初の一歩をおろそかにしてはいけないことのたとえ。「千里の道も一歩から」ともいう。

解釈 (韓) 遠い万里の道もまず足もとの第一歩を踏み出すことから始まる。遠大なる事業を始めるにも、まずは手近なことから始めるということ。

446	(日) **二度あることは三度ある**	두 번 있는 일은 세 번 있다
	(韓) **방귀가 잦으면 똥 싸기 쉽다**	屁が多ければ大便を漏らしやすい

意味　思っていないことが現実に起こることのたとえ。

解釈 (日) 物事は繰り返し起こる傾向があるものの、失敗を重ねないようにという戒め。

解釈 (韓) 噂が多ければ、現実になりやすいということ。

447	(日) **貧《ひん》すれば鈍《どん》する**	빈곤하면 마음도 무디다
	(韓) **사흘 굶어 아니 날 생각 없다**	三日飢えると様々なことを思う

意味　人の経済状態が極度に悪ければ、心も変わるという意味。

解釈 (日) 貧乏すると、日々どう暮らしを立てていくかで頭がいっぱいになり、物事に対して鈍感になり心もさもしくなりやすいということ。

解釈 (韓) 人は食べ物に飢えると、そこから逃れるためにさまざまなことをめぐらせ考えるようになるという意。

ひ

448

㊐ **貧の盗みに恋の歌**　가난 도둑질에 사랑의 노래

㊥ **목구멍이 포도청**　喉が警察庁

意味　食べて生きる為にはどんなに嫌なことでもするとの意。

解釈 ㊐　人は貧乏して行き詰ると盗みを働くようになり、恋におちいると相手に胸のうちを伝える歌をつくるようになるという意から、人は必要に迫られたり苦境に陥ったりすると何でもするというたとえ。「ねずみ窮してねこを噛み、人貧しゅうして盗みす」ともいう。

解釈 ㊥　貧乏すると日々どう暮らしを立てていくかで頭がいっぱいで、もの事に対して鈍感になり、やってはならない人のものまでを盗み取る行為をする果てになるという意。捕盗庁は朝鮮時代に犯罪者を取り締まった機関で現在の刑務所に当たる。

449

㊐ **貧乏人の子だくさん**　가난한 사람에게 자식이 많다

㊥ **가난한 집에 자식이 많다**　貧しい家に子が多い

意味　貧乏の家は子供が多い。

解釈 ㊐　養育する金のない貧乏人に限って、子供がたくさんいるということ。貧乏人は生活に追われて、少しのひまもないので労働力を得るために子供をたくさんつくるともいわれている。「三人子持ちは笑うて暮らす」、「貧乏柿の核たくさん」ともいう。

解釈 ㊥　子供は財産といって、貧乏の家は金持ちになりたい欲望から、子供をたくさん産み、とりわけ金のない家は子供が多いということ。

450

㊐ **貧乏暇なし**　가난뱅이 여가 없다

㊥ **오란 데는 없어도 갈 데는 많다**　来いという所はないけれども行く所は多い

意味　貧乏人は時間のゆとりがない。

解釈 ㊐ 貧乏人は暮らしに追われるので、時間のゆとりが持てないこと。「浪人暇なし」ともいう。

解釈 ㊙ あちらこちら動きまわるので、とても忙しくゆっくりする時間的余裕のないこと。貧乏人だけに限らず金持ちにまで広く使われている。

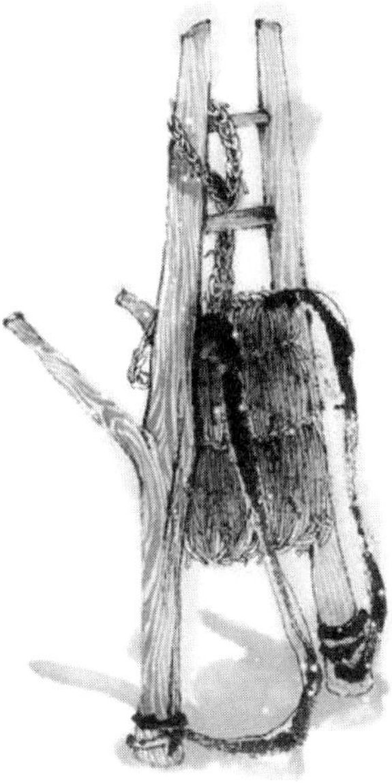

ひ

韓国のことわざ由来

똥구멍이 찢어지게 가난하다
肛門が千切れるほど貧しい

昔、穀物がなくなり新穀もできない旧暦 4-5月頃になると、貧しい農家では食べ物がなくて松葉や松皮、クズなどを食べた。特に最も多く使われた松葉と松皮は様々な方法で食べたが、便秘を防止するために豆粉を交ぜてお粥にして食べた。しかし豆さえない貧しい人は松葉や松皮だけでおかゆを作って食べた。それで貧しい人々は便秘になり、肛門が千切れるほど貧しいということわざが生まれた。

ふ

451

㊐ **風前の灯火**　바람 앞의 등불

㊙ **바람 앞의 등불**　風前の灯火

意味　生命が危険にさらされているさま。滅亡寸前のたとえ。

解釈 ㊐ 風にさらされている灯火のように、今まさに消滅しようとする物事のたとえ。非常に心もとないこと。「風の前の雲」ともいう。

解釈 ㊙ 日本と同じ。

452

㊐ **夫婦喧嘩は犬も食わぬ**　부부싸움은 개도 먹지 않는다

㊙ **부부싸움은 칼로 물베기**　夫婦喧嘩は包丁で水を切る

意味　夫婦のいさかいは一時的ですぐに和解することが多いので、他人が本気で心配したり、仲裁したりするものではない。

解釈 ㊐ 犬は人間の食べ残りがあれば何でも食べるが、夫婦喧嘩には、その家の飼い犬さえ、口をはさむことができないものである。「夫婦喧嘩は尻から晴れる」「夫婦喧嘩は寝て直る」ともいう。

解釈 ㊙ 水は、包丁でいくら切っても切れずに、元の状態にもどるように、夫婦喧嘩はおよそつまらないものから起こっているので、他人が口出しをしなくても放っておけばそのうち納まるものである。喧嘩のなかでも、夫婦喧嘩は大したものではないので、たまには喧嘩をしたほうがかえって夫婦の情が深まるともいっている。「내외간 싸움은 개싸움　夫婦喧嘩は犬喧嘩」ともいう。

453

㊐ **深い川は静かに流れる**　깊은 강은 조용히 흐른다

㊙ **물이 깊을수록 소리가 없다**　水は深いほど音を立てぬ

意味　上品で人格の備わっている人ほど謙遜する。

解釈 ㊐ 深い川は豊かに、物音静かに流れることから、思慮深い人は沈着冷静で控えめであるということのたとえ。

解釈 ㊙ 水が深いほど音を立てず静かに流れることから、人格の備わっている人ほど偉そうなまねやでしゃばることはしないということ。「노장은 병사를 논하지 않는다　老将は兵を談ぜず」、「벼는 익을수록 고개를 숙인다　稲は熟れるほど頭を垂らす」ともいう。

454

㊐ **覆水盆《ふくすいぼん》に返らず**　엎지른 물은 다시 쟁반에 돌아가지 않는다

㊙ **엎지른 물**　こぼした水

意味　一度してしまったことは、とり返しがつかないということ。

解釈 ㊐ (中国、周の太公望呂尚が若い頃、貧乏なのに読書にふけってばかりいたので、妻は離縁を求めて去った。後に、太公望呂尚が出世してから妻が再縁を願った際、盆の水をこぼし、その水を元に戻すことができたら願いを聞こう、といって断ったという故事による。) こぼれた水は二度と盆の上に返らないことのように、一度離別した夫婦の仲は元に戻らないということや、一度してしまったことは、とり返しがつかないということのたとえ。

解釈 ㊙ 一度器からこぼした水は、元どおりには戻らないということから、一旦別れた夫婦は元どおりに収まらない。一度失敗したことはとり返しがつかないということのたとえ。「깨진 그릇　壊れ皿」、「코딱지 두면 살이 되랴　鼻くそを置いても身にならない」ともいう。

455

㊐ **袋のねずみ**　자루 속의 쥐

㊙ **독 안에 든 쥐**　かめのなかに入っているネズミ

意味　逃げ出すことのできない状況や逃げ場のないこと。

解釈 (日) 袋に追い込まれたネズミは、逃げ出すことができず困難な状況にある。「袋の中のねずみ」、「うなぎ屋のすっぽん」、「俎上の魚」、「篭の中の鳥」ともいう。

解釈 (韓) 昔、米など大事な穀物などを保管するのに、大きなかめが必要であった。そのかめは、普通横 30cm 縦 1m ぐらいで、土蔵の中においてあった。ネズミが米などの穀物を食べるために、そのかめの中に一旦入ると、中から出る事が出来ず、袋のネズミと同じ状況になる。「그물에 든 고기　網に入った魚」、「도마에 오른 고기　まな板上の魚」ともいう。

456

(日) **節《ふし》くれ立つ**　마디 선다

(韓) **손바닥에서 자갈 소리 난다**　掌で砂利の音がする

意味　指(日本)や掌(韓国)に柔らかい肉がなく、骨ばっていて硬くなっている様子。

解釈 (日) 指などが骨ばってごつごつしている。

解釈 (韓) 掌が硬くて擦る時の音が砂利を触っているようだという意味で、度重なる労働で掌が硬くなっていることを比喩的にいうことば。

457

(日) **武士に二《に》言《ごん》はない**　무사는 두말 없다

(韓) **일구이언은 이부지자**　一口二言は二父の子

意味　一度言ったら二言言わずそのことばに責任をもつ。

解釈 (日) 武士は信義と面目を重んじるから、一度言ったことを容易く否定することはない。

解釈 (韓) 一つの口で二言をすることは、二人の父をもっている子供と同じなので、二言や嘘を言ってはならないとの意。

458

㊐ **武士は食わねど高揚技**　무사는 먹지 않아도 배부름

㊙ **비짓국 먹고 용트림한다**　おからスープを飲んで大げさにげっぷをする

意味　実はないのに表面だけを、それらしく装うこと。

解釈 ㊐ 「高揚枝」食後にさも満腹したようにゆったりと楊枝を使うことで、武士は貧しくて食事が出来ないときでも十分食べたかのように楊枝を使うということ。武士は気位が高く、たとえ貧しくても、人に弱みを見せないということ。

解釈 ㊙ おからのスープを飲んでから、高価なものを食べたことのように気取ってわざと大きくげっぷをするということで、実はないのに表面だけを、それらしく装うことをいう。「냉수 먹고 이 쑤신다　冷水飲んでつまようじで歯をせせる」ともいう。

459

㊐ **二股膏薬**　두 가랑이 고약

㊙ **간에 붙었다 쓸개에 붙었다 한다**　肝についたり胆嚢についたりする

由来は 72 ページを参照

意味　あっちに付いたりこっちに付いたりと、自分の利益だけを狙って行動する節操のない者のことをいう。

解釈 ㊐ 内股に膏薬を貼ると左右どちらかのももにくっついたりはなれたりすることから、状況に応じて、対立する両者のどちら側にもつくこと。確固とした態度を示さず、あっちに従ったりこっちに従ったりしてふらふらしていること。

解釈 ㊙ 肝についたり胆嚢についたりと状況に応じて、はっきりした志を持たずふらふらとする様子。

460

㊐ **豚を盗んで骨を施す**　돼지를 훔치고 뼈를 내민다

㊙ **닭 잡아 먹고 오리발 내민다**　鶏屠って食い、鴨の足を差し出す

意味　悪いことをしながら、わずかな善行をして善人のふりをすること。

解釈 ㊐ 大きな悪事をしたかわりに、小さな善行をして善人のふりをすること。

解釈 ㊙ 上等なものの肉を食べて、鴨の足を出すように、悪いことをしていながら、暴露されないように 策略を講ずるという意。
また、悪事を働きながらその償いにわずかな善行を施すという意。

461

㊐ **腑《ふ》抜け**	내장 빠지다
㊙ **쓸개 빠진 놈**	胆嚢の抜けたやつ

意味　状況や立場などを考慮せず、 自分のしっかりした考えもなく、あやふやな行動をする人に対していうたとえ。

解釈 ㊙「간도 쓸개도 없다　肝も胆嚢もない」ともいう。

462

㊐ **降らぬ先の傘**	비 오기 전에 우산
㊙ **가까운 데를 가도**	近くに行っても
점심밥을 싸가지고 간다	昼飯を持って行く

意味　先のことを考えて、不意の時の用意をしておくこと。

解釈 ㊐ 雨が降りそうなときには、傘を用意するように、事件が起きる前に、注意をしておくことをたとえている。「転ばぬ先の杖」ともいう。

解釈 ㊙ 近い所に行くのにも、用事が長引くことを考えて、昼飯を準備して持っていくことのように、どんなことをするにも、しっかりと用意をして、間違いや失敗がないようにすることのたとえ。

へ

463

日	**臍《へそ》が茶を沸かす**	배꼽이 차를 끓인다
韓	**배꼽이 빠지겠다**	臍が抜けそう

意味　大爆笑すること。

解釈 日　子どもじみていたり、ばかげていたりして、おかしくてたまらないことのたとえ。大爆笑すること。「臍茶」、「腸を切る」、「腸を断つ」、「腹を抱える」、「へそで茶を沸かす」、「へそがよれる」、「かかとが茶を沸かす」ともいう。

解釈 韓　とてもおかしくて大爆笑の時に笑いすぎるとお腹が痛くなったりするが、その時、「배꼽이 빠지겠다　臍が抜けそう」、「배를 움켜쥐다　腹を抱える」、「배가 아프다　腹が痛い」、「배꼽이 웃는다　臍が笑う」ともいう。

464

日	**屁《へ》と火事は元から騒ぐ**	방귀와 화재는 원으로부터 떠든다
韓	**방귀뀐 놈이 성낸다**	屁をした奴が怒る

意味　自分が過ちを犯しておいて、かえって怒ることをいうことば。

465

日	**屁とも思わない**	방귀로도 여기지 않는다
韓	**발가락의 티눈만큼도 안 여긴다**	足の指にある魚の目ぐらいにも扱わない

意味　軽んじて問題にしない。なんとも思わない。

解釈 日　問題とするに足りない。「へでもない」ともいう。

解釈 韓　足の指に出来た面倒な魚の目ぐらいにも思わないという意味で、人をとても軽蔑することを比喩的にいうことば。「손톱의 때 만치도 안 여긴다　つめの垢ほども思わない」ともいう。

466

㊐ **屁の突っ張りにもならぬ**　방귀 받침목도 되지 않는다

㊗ **똥물에 튀할 놈**　糞水に湯びくやつ

意味　何の役にも立たない人やもののこと。

467

㊐ **蛇が蚊を呑んだよう**　뱀이 모기를 삼킨 듯

㊗ **간에 기별도 안 간다**　肝に感覚もない

意味　食物の量が少なくて、食べた気がしないことのたとえ。

解釈 ㊐ 小動物をのみ込む蛇は、蚊などを呑んでもなんとも感じないという意から全く腹にこたえないこと。けろりとしているさま。また、物足りないさまのたとえ。

解釈 ㊗ 飲食を食べると食べたという感覚がついてくるのが普通だが、食べた量が大変少ないため、食べた感じがしないとの意。「목구멍의 때도 못 벗겼다　喉の垢も取れなかった」ともいう。

468

㊐ **蛇に見込まれた蛙のよう**　뱀에게 눈독 들여진 개구리와 같다

㊗ **고양이 앞에 쥐**　猫の前に鼠

意味　おどおどして動くこともできない様子。

解釈 ㊐ 蛇ににらまれた蛙のように、身がすくんで手も足も出ないさまのたとえ。

解釈 ㊗ 猫は鼠の強敵なので、鼠の前に猫が現れると、鼠はびくっとして身動きもできないさま。とても勝ち目のない相手や大きな威勢のある人物に会ったときのびくびくするさま。

469	日 **弁明の余地がない**	변명의 여지가 없다
	韓 **입이 열 개라도 할 말이 없다**	口が十個あってもいうことばがない

意味　弁解や間違いを告白するとき、相手の理解を得るには何度言っても足りないという意。

ほ

470

㊐ **坊主憎けりゃ袈裟《けさ》まで憎い**　중이 미우면 가사까지 밉다

㊊ **며느리가 미우면 손자까지 밉다**　嫁が憎いと孫まで憎い

意味　人を憎む気持ちがあると、その人に関係のあるものすべてに憎しみをもつということ。

解釈 ㊐　坊主は憎むような人ではないが、もし憎しみをもつと着用する袈裟まで憎くなるものだ。「親が憎けりゃ子も憎い」ともいう。

解釈 ㊊　孫には何の罪もないけれども、嫁が憎たらしくなると、親への憎しみがその子にまで及びがちで、孫まで憎くなるということ。その人を憎むあまり、その人に関係のあるすべてのことを憎むということ。「며느리가 미우면 발뒤축이 달걀 같다고 나무란다　(息子の)嫁が憎いとかかとが卵のようだと叱る」ともいう。

471

㊐ **坊主に袈裟**　중에게 가사

㊊ **약방에 감초**　薬局に甘草

意味　なくてはならないもの。

解釈 ㊐　袈裟は、僧が衣の上の方から掛ける布で、坊主にとって不可欠のものである。「袈裟」は僧の着る衣服。

解釈 ㊊　甘草は漢方薬の緩和剤として不可欠なもので、漢方薬局には必ず備えている薬草剤である。どんなときでも、またどんな場所でも、抜け目なく必ず顔を出し関与することに使う。

472

㊐ **忙《ぼう》中《ちゅう》閑《かん》あり**　바쁜 중에도 여유 있다

㊊ **바쁘게 찧는 방아에도 손 놀 틈이 있다**　忙しく搗く臼にも手が空く暇がある

意味　忙しい仕事の合い間にも、ほっと一息つく時間はあるということ。

解釈 (日)「忙裏閑を偸む」ともいう。

解釈 (韓) どんなに急いで穀物を搗く最中であっても、手で臼の中の米粒をまんべんなく混ぜる時間的余裕はあるという意味で、どんなに忙しい時でも暇を見つけられるとの意。

473

(日) **吠える犬は噛みつかぬ**　짖는 개는 물지 않는다

(韓) **무는 개 짖지 않는다**　噛みつく犬は吠えない

意味　口やかましいものほど、実行が伴わないし、実力のあるものほど無口であること。

解釈 (日) 犬がけたたましく吠えると、噛み付きそうな気がするが、実際は吠える犬ほど臆病で噛みつかない。「鳴く猫は鼠を捕らぬ」ともいう。

解釈 (韓) おとなしくしている犬は吠えないから、噛み付くようなことはしないと安心していると、予想外にそのおとなしい犬に噛み付かれる。実力のあるものほど静かでおとなしいということ。

474

(日) **頬がこける**　볼이 여위다

(韓) **얼굴이 반쪽이 되다**　顔が半分になる

意味　やつれている。

解釈 (日) 健康なときの膨らんでいた頬がやつれることにより頬がこけている様子のたとえ。

解釈 (韓) 健康なときの顔の大きさに比べて、半分の大きさに減っているほど小さくなって、やつれている様子のたとえ。

475		
	㊐ **ほっぺたが落ちる**	빰이 떨어진다
	㊊ **혓바닥째 넘어간다**	舌ごとに飲み込む

意味　食べ物が非常においしいことのたとえ。

解釈 ㊊「둘이 먹다 하나가 죽어도 모른다　二人が食べているうち、一人が死んでも気づかぬ」ともいう。

476		
	㊐ **仏の顔も三度**	부처님 얼굴도 세 번
	㊊ **지렁이도 밟으면 꿈틀한다**	みみずも踏まれたらのたくり回る

意味　どんなにおとなしく慈悲深い人でも、たびたびひどいことをされると最後には怒る。

解釈 ㊐ 慈悲深い仏でも、その顔を三度なでれば腹を立てる。いかに温和な人でも、何度も不愉快なことをされれば、がまんができないこと。「仏の顔も日に三度」ともいう。

解釈 ㊊ 何の感覚もなさそうに見えるみみずでも、人に踏まれるとびくっと動く。いくらおとなしく地位の低いものであっても、ひどく軽蔑されると、そのうち怒りを爆発させるようになるということ。「굼벵이도 다치면 꿈틀한다　蛆も触ればうごめく」ともいう。

韓国のことわざ由来

모르면 약이요 아는 게 병
知らないのが薬で、知るのが病気

昔、中国の三国時代、徐庶は母親と離れて暮らしながら、劉備に仕えて、多くの知略を絞り出し曹操を苦しめた。それで曹操は徐庶を劉備と離すためにある工夫をした。徐庶が親孝行という点を利用し、「曹操の好意で楽に暮らしているから、魏国に帰って来なさい。」というお母さんの字を真似た手紙を徐庶に送った。一人の君主だけに仕えなさいと言っていた母親から故郷に帰って来いという手紙をもらった徐庶は戸惑いながらも帰郷した。そして帰って来た経緯をすべて母に話した。すると母親はすべてが曹操の計略だったのを知り、「自分が字を知ったゆえに、大きな事態になってしまった。」と嘆いた。

ま

477

㊐ **蒔かぬ種は生えぬ**　뿌리지 않은 씨앗은 싹트지 않는다

㊙ **아니 땐 굴뚝에 연기 날까**　焚かぬ煙突から煙りは上がらぬ

意味　根拠や仕掛けがないと結果はないということ。

解釈 ㊐ 種を蒔かない限り何も生えないということで、何もしなければ、結果は得られないというたとえ。「火のない所に煙は立たぬ」ともいう。

解釈 ㊙ 薪や落ち葉など何かを燃やしていない限り、煙突から煙が上がるはずがないということで、事実や根拠がなければ、噂や結果が出ないということ。「뿌리없는 나무에 잎이 필까　根のない木に葉っぱが生えるか」ともいう。

478

㊐ **薪を負うて火事場に赴《おもむ》く**　장작을 지고 불 난 곳에 간다

㊙ **화약을 지고 불로 뛰어든다**　火薬を担《かつ》いで火に飛び込む

意味　自ら災難を招くようなことをすること。

解釈 ㊐ 火にあうと非常に燃えやすい薪を背負って、火が燃え上がった火事現場に向かうこと。自ら災難を招く恐れがある。

解釈 ㊙ 火にあうと、すぐ爆発する危険な火薬を担いで、火のあるところに飛び込むこと。自分から進んで災いに身を投ずること。

479

㊐ **枕を高くして眠る**　베개를 높게 하고 잔다

㊙ **다리를 뻗고 잔다**　脚を伸ばして眠る

意味　何の心配もなく、安心してぐっすり眠る。

解釈 ㊐ 枕をしないと不安定な状態になって安眠できない。枕は頭の支えとなるから寝ていても安心感がある。

解釈 ㊊ 脚を伸ばして寝ることは無防備な状態であるが、ぐっすり眠れる状態である。安心して眠れる環境にあるときにいう。

480

㊐ **負けるが勝ち**　지는 것이 이기는 것

㊊ **이기는 것이 지는 것**　勝つことは負けること

意味　負けることが結局は勝つことになる。

解釈 ㊐ 相手に勝利を譲って負けたようにすることが、かえって利益を得るし、結局は勝ちになるということ。勝負は勝ったとしても何の利益にもならない。「逃げるが勝ち」「負けて勝つ」ともいう。

解釈 ㊊ 互いに喧嘩を続けても、何の利にもならない。早いうち負けたふりをして、止めたほうが身のためであるということ。「지는 것이 이기는 것　負けるが勝ち」ともいう。

481

㊐ **馬子《まご》にも衣装**　마부에게도 의상

㊊ **옷이 날개**　衣装は翼

意味　服装次第で気持ちや見栄えもりっぱになるということ。

解釈 ㊐ 荷物を馬にのせて街道を歩く人でも、外形を整えればりっぱに見えるように、どんなに下品でみっともない人間にでも、みなりをととのえれば立派な人間に見えるということ。「馬子」は、馬に人や荷物をのせて運ぶことを業とする人。「切り株にも衣装」、「枯れ木も衣装」ともいう。

解釈 ㊊ 汚くてつまらない者でも、ちゃんとしたきれいな服を着れば、鳥の美しい翼のように、全体的にきれいに格好よくなるということ。

482

㊐ **真っ赤な嘘**　새빨간 거짓말

㊊ **새빨간 거짓말**　真っ赤な嘘

意味　でたらめ。

483

㊐ **待てば海路の日和《ひより》あり**　기다리면 항해에 좋은 날씨가 있다

㊛ **쥐구멍에도 볕 들 날이 있다**　鼠の穴にも陽の差す日がある

意味　あせらずじっくりと待っていれば、やがて幸運がめぐってくるということ。

解釈 ㊐　今は天候が悪くて出帆できなくても、待っていれば海がやがて静かになって、航海に適した日和もくるということ。

解釈 ㊛　不運、逆境の人でも時がくれば、運が上向いてきていい暮らしができるようになるという意。鼠の穴に陽の差すことはほとんどないが、万が一陽の差す日もあるだろうのたとえ。「양지가 음지되고 음지가 양지된다　陽地が陰地となり陰地が陽地となる」ともいう。

484

㊐ **まばたきする間**　눈 깜짝할 사이

㊛ **눈 깜짝할 사이**　まばたきする間

意味　大変短い時間の意で、時の流れの速さを表わす。一瞬。

485

㊐ **豆を煮るに豆殻を焚く**　콩을 익히는데 콩깍지를 태운다

㊛ **살이 살을 먹고 쇠가 쇠를 먹는다**　身が身を食べて鉄が鉄を食べる

意味　同じ民族、血を分けた兄弟が互いに害を与え合うということ。

486		
	(日) **眉につばをつける**	눈썹에 침바르다
	(韓) **입술에 침이나 바르고 거짓말 해야지**	唇に唾でもつけて嘘を言いなさい

意味　嘘ではないかと疑わしくいうことのたとえ。

解釈 (日) 狐や狸にだまされないためには眉につばをつければよいという俗信から嘘ではないかと疑う。だまされないように用心する。「眉毛につばをつける」、「眉につばを塗る」、「眉につばをする」、「眉つば」ともいう。

解釈 (韓) 顔の表情を少しも変えず、平気で嘘をつく人をあざけていうことば。「입에 침이나 바르고 말해라　口につばでもつけて言え」、「혓바닥에 침이나 묻혀라　舌に唾液でもつけろ」ともいう。

487		
	(日) **眉に火がつく**	눈썹에 불이 붙다
	(韓) **눈썹에 불이 붙다**	眉に火がつく

意味　急に思いがけない出来事で、危険が迫る。

解釈 (日)「足に火がつく」ともいう。

解釈 (韓)「발에 불 붙다　足に火がつく」ともいう。

488		
	(日) **丸い卵も切りようで四角**	둥근 알도 자르기 따라 사각
	(韓) **에 해 다르고 애 해 다르다**	「에《エ》」と言って違い、「애《エ》」と言って違う

意味　同じことを言っても、話のしかたによって円満におさまったり、角が立ったりするということのたとえ。

ま

489

㊐ **真綿に針を包む**　풀솜으로 바늘을 싼다

㊙ **등치고 간 내 먹는다**　背中を打ち肝を出して食べる

意味　表面では良くしてくれているふりをするが、実際には害を与えていることをいうことば。

解釈 ㊐ 柔らかな真綿の中に、とがった針を包み隠していることで、表面は柔和な態度を示しながら、内には敵意を抱いているたとえ。「笑のうちに刀を研ぐ」、「口に蜜あり、腹に剣あり」ともいう。

解釈 ㊙ 背中をたたきながら親しげに振舞うけど、結果的には大事な肝を出して食べられることで、うわべは親切に接するが、心は人を傷つけようとする意地の悪さが存在するとのたとえ。「등 치고 배 문지른다　背中を打って腹をこする」、「웃음 속에 칼 있다　笑いのうちに刀あり」ともいう。

490

㊐ **満月のような腹**　보름달 같은 배

㊙ **배가 남산만 하다**　腹が南山(ソウルにある山)のようだ

意味　妊娠して腹がとても大きいことのたとえ。

み

491

㊐ **ミイラ取りがミイラになる**　미이라를 파내러 간 사람이 미이라가 된다

㊙ **혹 떼러 갔다가 혹 붙여 왔다**　瘤取りに行って瘤つけて来る

意味　人を探しに出たものが、そのまま戻って来ない。

解釈 ㊐　ミイラを取りに出かけた者(薬用にするためにミイラを取りに行く者)が、ミイラになってしまう。人を連れ戻しに行った者が先方にとどまって、逆に連れ戻される立場になるように、責任、役目を果たさないことのたとえ。

解釈 ㊙　韓国の昔話のなかに「瘤爺」という話がある。瘤のあったある年寄りが、知り合いの瘤爺の瘤を鬼から取ってもらったという話を聞いて、自分も同じやり方で瘤を取ってもらおうと鬼の所に訪ねていったところ、前にとって置いた知り合いの瘤までつけられて帰ってきたという昔話である。この昔話から出たことわざで、自分に都合のよい私欲から、予想に反して損を持たらすということ。

492

㊐ **見かけばかりの空大名**　겉치레만인 빈장군

㊙ **머리 없는 놈이 댕기 치레한다**　髪もない奴が髪にリボンを付ける

意味　表面的には豊かに見えるが、中身は窮迫している。

解釈 ㊐　空大名は名目ばかりで実力の伴わない大名の意。外見は立派であるが、内容は貧窮である事の意。

解釈 ㊙　髪もない者にリボンが意味のないもののように、中身はなく、表面だけを装うという意味。

493

日	**身から出た錆《さび》**	몸에서 난 녹
韓	**자업자득**	自《じ》業《ごう》自《じ》得《とく》

意味　自分のしたことから受ける災難。

解釈 日　外からついたのではなく、自分自身から生じた悪い報い。自分の行為の報いとして被るわざわい。自分の悪行の結果として自分が苦しむこと。「錆」は悪い結果、悪い報いの意。「自業自得」、「因果応報」ともいう。

解釈 韓　自分の行った悪い行動のために、その報いを受けるということ。

494

日	**右の耳から左の耳**	오른 귀에서 왼 귀
韓	**귓구멍에 마늘쪽 박았나**	耳の穴ににんにくのかけらを打ち込んだか

意味　人の話の内容が理解出来なかったり、聞き流すこと。

解釈 日　人の話を上の空で聞き流す。

解釈 韓　話をよく理解できない人に、高圧的な態度でいうことば。「귀에 기둥 박았나　耳に柱を打ち込んだか」、「한 귀로 듣고 한 귀로 흘린다　片耳で聞いて片耳で流す」ともいう。

495

日	**見ざる聞かざる言わざる**	보지 않고 듣지 않고 말하지 않는다
韓	**귀머거리 삼 년이요 벙어리 삼 년이라**	耳をきけないこと三年 話をしないこと三年

意味　嫁に行ったら聞いても聞かぬふりをし、話したくても口をつぐんでいなければならない、嫁の辛さをたとえていう語。

496

㊐ **水に油**　　물 위에 기름

㊙ **물 위에 뜬 기름**　水に浮かんだ油

意味　ふたつのものが、しっくりとなじまないさま。あまりにも相性が悪いこと。

解釈 ㊐　水に油を注ぐと、水面に油が浮いて融和しないことから、油と水はなじまない性質をもっている。「油に水の混じるごとし」「犬猿の仲」ともいう。

解釈 ㊙　油と水は一緒にしても、決して溶け合うことがない。油は水より軽いから水の上に浮いて、別々の状態になる。このことから韓国では、和合が出来なくて仲間はずれになっている人のことをいう。「물 위에 기름　水の上の油」、「물과 기름 사이　水と油の仲」ともいう。

497

㊐ **水の下《ひく》きに就くがごとし**　물이 밑으로 흐르는 것과 같이

㊙ **정수리에 부은 물은 발 뒤꿈치까지 흐른다**　脳天に注いだ水はかかとまで流れる

意味　物事の成り行きは自然にそうなるという意。

解釈 ㊐　水が低いほうに流れるようなものだということから物事の成り行きとして自然にそうなるというたとえ。有徳の君に民が自然になびくたとえ。

解釈 ㊙　水が低いところに流れるのは自然のように、大人の行動が良し悪しであれ、子供は自然にその影響を受けることになるという意。

498

㊐ **味噌汁で顔洗え**　　된장국으로 세수해라

㊙ **냉수 먹고 속 차려라**　冷水でも飲んでしっかりせ

意味　ぼんやりしている者、また、そのためにしくじりをおかした者に対して、しゃきっと気をひきしめてこいという意。

499

[日] **味噌盗人は手を嗅《か》げ**　된장 도둑은 손을 냄새 맡아라

[韓] **도둑이 제 발 저리다**　泥棒の足がしびれる

由来は 191 ページを参照

意味　悪事はささいなことからばれる。

解釈 ㊐　味噌を盗んだ人を探るためには、手の匂いを嗅ぐことで分かるとの意。

解釈 (韓)　罪を犯した人が恐れたゆえに自ら弱点を表わすということば。「제 발이 저리다　自分の足がしびれる」ともいう。

500

[日] **三日詩を誦せざれば**
口に荊棘を含む　삼일 시를 읽지 않으면
입에 가시가 생긴다

[韓] **사흘 책을 안 읽으면**
머리에 곰팡이가 슨다　三日本を読まなければ
頭にかびが生える

意味　普段本と接しないと、頭が固くなり柔軟に回らないという戒めの意。

501

[日] **三日坊主**　작심삼일

[韓] **작심삼일**　作心三日

意味　ひと時の衝動により出来た心は三日も続かなく変わる。

解釈 ㊐　何事もすぐ飽きてやめてしまう人のことをいう。

解釈 (韓)　「난봉 자식이 마음잡아야 사흘이다　放蕩 (道楽) 息子が心を入れかえても三日だ」、「지어먹은 마음이 사흘을 못 간다　思い立った心が三日を持たず」ともいう。

502

(日) **見て見ぬふりをする**　보고 본 척도 안 한다

(韓) **안면을 바꾸다**　顔面を変える

意味　知っている人が窮地にいても、知らないふりをするという薄情な人のたとえ。

503

(日) **緑の黒髪**　녹색 검은머리

(韓) **삼단 같은 머리**　麻束のような髪

意味　つやのある健康でふわふわとした髪のたとえ。

解釈 (日) 黒く生き生きした髪の毛の様子。

解釈 (韓) 麻を束ねた形から髪の量が多くて長いことをいう。

504

(日) **身に余る**　분수에 넘친다

(韓) **몸 둘 바를 모르다**　体を置くところを知らず

意味　身分不相応で、どのように行動をしたらいいのか分からないさま。

505

(日) **耳に胼胝《たこ》ができる**　귀에 못이 박히다

(韓) **귀에 못이 박히다**　耳に胼胝ができる

意味　同じことを幾度も聞かされて、聞き飽きている。

506

(日) **身の置き所がない**　몸 둘 곳이 없다

(韓) **몸 둘 바가 없다**　身の置き所がない

意味　ある場所で立場が辛かったり弱かったりして、とても精神的に窮屈な状態を表現したたとえ。

507

㊐ **身の毛がよだつ**　몸털이 곤두선다

㊙ **소름이 끼친다**　肌に粟が出来る

意味　恐ろしさのあまり、全身の毛が逆立つように感ずる。ぞっとする。

解釈 ㊐「鳥肌が立つ」ともいう。

解釈 ㊙「몸털이 곤두선다　身の毛もよだつ」、「몸 털 선다　身の毛立つ」ともいう。

508

㊐ **耳を掩うて鐘を盗む**　귀 막고 종을 훔친다

㊙ **눈 가리고 아웅한다**　目を掩うてニャンという

意味　浅はかな策を弄して、自分の悪事を隠したつもりでも、すでに人々に知れわたっていることのたとえ。

509

㊐ **身を捨ててこそ浮かぶ瀬もある**　몸을 버려야만 떠오르는 여울도 있다

㊙ **이가 없으면 잇몸으로 살지**　歯がなければ歯茎で生きる

意味　欠くべからざるものが欠けても、それなりに代わりのものがあり、何とかなるとの意。

解釈 ㊐ 身を犠牲にする覚悟があって、初めて窮境を脱し、物事を成就することが出来る。

解釈 ㊙ 歯は食べ物を砕いて、消化をよくしてくれるが、歯がなくなり困ると歯の代わりに歯茎を代用する。

む

510

㊐ **虫酸《むしず》が走る**　신물이 나온다

㊙ **이에서 신물이 난다**　歯から酸っぱい水が出る

意味　嫌気が差してこりごりする。

解釈 ㊐ 胃から口へ酸っぱい液が出てむかむかすることから、吐き気がするほど不快な気持ちになるたとえ。「虫酸が来る」ともいう。

解釈 ㊙ 日本と同じ。「입에서 신물이 난다　口から酸っぱい水が出る」ともいう。

511

㊐ **胸が張り裂ける**　가슴이 찢어진다

㊙ **구곡간장을 녹이다**　九曲肝腸を溶かす

意味　非常に辛く切ない気持ちになる。

解釈 ㊐ 悲しみや悔しさなどのあまり、胸に非常な痛みを感じる。「胸が裂ける」ともいう。

解釈 ㊙ 九曲肝腸とは心の奥深いところを指すことばで、九曲肝腸を溶かすほどの悲しみ、辛さがあるという意。「간장을 찢는다　肝腸を千切る」、「간장을 녹인다　肝腸を溶かす」ともいう。

512

㊐ **胸に釘打つ**　가슴에 못 박다

㊙ **가슴에 못 박다**　胸に釘打つ

意味　胸に釘を突き刺されたように、自分にとって痛烈に応えること。非常に心を痛めること。また、弱点や欠点をずばりと指摘されて激しくうろたえることのたとえ。

513

㊐ **胸に手を置く**　가슴에 손을 얹다

㊗ **가슴에 손을 얹다**　胸に手を置く

意味　落ち着いて深く考えたり、詳しく思い出したりしようとするさま。よく思案する。

解釈 ㊗「가슴에 손을 대다　胸に手を当てる」ともいう。

514

㊐ **胸を摩《さす》る**　가슴을 쓰다듬는다

㊗ **두 다리 쭉 뻗다**　両脚をまっすぐ伸ばす

意味　心配事がなくなり、心が穏やかになる。安心する。ほっとする。

解釈 ㊐ 気がかりのことがあり、胸が重たくなっていたのが、解決されてすっとする。

解釈 ㊗ ほっと安心する。「足を伸ばして寝る　발을 뻗고 자겠다」ともいう。

515

㊐ **胸を撫で下ろす**　가슴을 쓸어 내린다

㊗ **앓던 이 빠진 것 같다**　病んだ歯が抜けたようだ

意味　心配事が解決しさっぱりした気持ちを、比喩的にいうことば。

516

㊐ **勝てば官軍、負ければ賊軍**　승하면 관군 패하면 적군

㊗ **승하면 충신 패하면 역적**　勝てば忠臣、負ければ逆賊

意味　何事も強い者や最終的に勝った者が正義とされる。

解釈 ㊙韓 うまくいって勝てば忠臣になるが、うまくいかずに負ければ逆賊になるということから、強い者が正義となることをたとえている。「逆賊」は主君に反逆した悪人の意。

우물 안 개구리
井戸の中の蛙

井の中に住んでいる蛙が海に住んでいる亀に会った。自分の住んでいる場所がどんなに広いのか、石の隙間で休むことも出来るし、井の中で思いきり泳ぐことも出来るので、遊びに来るように亀を誘った。それで、亀が井戸に遊びに行き、片方の足を踏み入れ、もう片方を入れようとしたが欄干に引っかかってしまった。すると亀は自分が住んでいる海は十年間に九回の洪水があったけど水が溢れなかったし、八年間に七回の日照りがあったけど水が減らなかったほど大きいと説明した。すると井の中の蛙はびっくりして、自分の住んでいる場所がいかに狭いかが分かり、恥ずかしくて何も言えなかった。

め

517

㊐ **名物に旨いものなし**　　명물 치고 맛있는 것이 없다

㊪ **소문난 잔치에 먹을 것 없다**　噂の高い宴に旨いものなし

意味　名は実を伴わないことが多い。

解釈 ㊐ 名物とは、その土地の食品として、評判が高く、味もいいはずであるが、おいしいと思われるものがないということ。「名所は見所なし」ともいう。

解釈 ㊪ 噂が高い宴なのでご馳走をたくさん食べようと期待していたら、実際にはうまい食べ物がなく、人々の言っている噂と、実際とは一致しないものだということ。

518

㊐ **迷惑千万な話**　　귀찮은 천만의 말

㊪ **천만의 말 (말씀)**　千万の話 (お話)

意味　とんでもないことで、話にならないこと。

519

㊐ **目が飛び出る**　　눈이 튀어나오다

㊪ **눈이 튀어나오다**　目が飛び出る

意味　予想をはるかに上回ったことでひどく驚く。

解釈 ㊐「目の玉が飛び出る」ともいう。

解釈 ㊪「눈알이 튀어나오다　目の玉が飛び出る」ともいう。

520

㊐ **目が回る**　　눈이 돈다

㊪ **눈코 뜰 새 없다**　目と鼻を開ける間がない

意味　非常に忙しいさま。

解釈 ㊐ めまいがして周りがくらくらする様子。忙しいさまのたとえ。

解釈 ㊌ 目を開けて見て、鼻を開けて息をするのが正常に生きることなのに、それができないほど大変忙しいさまのたとえ。

521

㊐ **目からうろこが落ちる**　눈에서 비늘이 떨어진다

㊌ **눈이 확 트이다**　目がぱっと開ける

意味　思いがけないことが原因となって、突然自分の周りの実態がよく見えるようになる。

522

㊐ **目から鼻へ抜ける**　눈에서 코로 빠진다

㊌ **배꼽에 어루쇠를 붙인 것 같다**　臍に鉄鏡を付けたようだ

意味　頭の回転が早くて、抜け目がなく、非常に賢い様子を形容したもの。

解釈 ㊐ 目から入ったものがすばやく鼻へ抜けるというように、利口で物事の判断などのすばやいこと。「一聞いて十を知る」「一つを見れば十を知る」ともいう。

解釈 ㊌ 臍に鏡を当ててなかを覗き見るように、人のことをよく分かることのたとえ。

523

㊐ **目から火が出る**　눈에서 불이 나다

㊌ **눈에서 번개가 번쩍 나다**　目から雷がぴかっとする

意味　顔や頭に強い打撃を受けたとき、目の前が暗くなり、光が瞬間に交錯することをいう。

目くじらを立てる

解釈 ㊙「눈에서 불이 번쩍 나다　目から火がぴかっとする」ともいう。

524

㊐ **目くじらを立てる**　눈꼬리를 세운다

㊙ **눈 구석에 쌍가래톳이 선다**　目くじらに双横根が立つ

意味　悔しい感情を抑えきれず、目をつり上げて鋭く相手を見るさま。

525

㊐ **目くそ鼻くそを笑う**　눈곱이 코딱지를 보고 비웃는다

㊙ **똥 묻은 개가 겨 묻은 개 나무란다**　糞ついた犬が糠ついた犬を叱る

意味　自分の弱点は棚に上げて、他人の弱点ばかり非難するということば。

526

㊐ **飯も喉を通らない**　밥도 목을 통하지 않는다

㊙ **물 만 밥에 목이 메다**　水かけ飯で喉がつまる

意味　心配事があって、食事をする気にもなれないくらい不安、緊張が高まっていることをいう。

527

㊐ **目で見て鼻で嗅ぐ**　눈으로 보고 코로 맡는다

㊙ **누울 자리 봐 가며 발 뻗는다**　寝床を見ながら足を伸ばす

意味　注意の上に注意をすること。

解釈 ㊐ 目で確かめて確認した上に、それでも足りなくて鼻で嗅いであらためて確認すること。

解釈 ㊟韓 寝転ぶ場所を見極めて、足を伸ばすのに十分な場所があるかどうか、邪魔になるもの危険なものがあるかどうかなど安全性を確かめた上で横になること。「이불 깃 보아가며 발 편다 布団の端を見ながら足を伸ばす」ともいう。

528

日 **目で目は見えぬ**　눈이 눈을 못 본다

韓 **눈이 눈을 못 본다**　目で目は見えぬ

意味　他人のありさまはよくわかっても、自分のことはよくわかっていないものだというたとえ。

529

日 **目と鼻の間**　눈과 코 사이

韓 **눈과 코 사이**　目と鼻の間

意味　ほんの少ししか離れていないこと、非常に近い距離であることのたとえ。

解釈 日 「目と鼻の先」、「目と鼻の間」、「目と鼻」ともいう。

解釈 韓 「엎어지면 코 닿을 데　転んで鼻が付くところ」ともいう。

530

日 **目に入れても痛くない**　눈에 넣어도 아프지 않다

韓 **눈에 넣어도 아프지 않다**　目に入れても痛くない

意味　とても愛しくてかわいい存在である。

解釈 日 目に入れても痛さを感じないほど、我が子や孫を盲愛するさまをいう。目に入ったごみの痛さには耐えられるものではない。その痛さを感じないほど溺愛すること。「目のなかに入れても痛くない」ともいう。

目に角を立てる

解釈 ㊙韓 日本と同じ。「눈 속에 넣어도 아프지 않다　目のなかに入れても痛くない」ともいう。

531

㊐ **目に角を立てる**　눈에 모를 세우다

韓 **눈에 모를 세우다**　目に角を立てる

意味　怒って鋭い目つきをする。怒ったこわい目つきで見る。

532

㊐ **目には目(を)、歯には歯(を)**　눈에는 눈, 이에는 이

韓 **눈에는 눈 , 이에는 이**　目には目、歯には歯

意味　相手の仕打ちに対して、同様の仕返しをすること。

解釈 ㊐ 目をつぶされたら相手の目をつぶし、歯を折られたら相手の歯を折ることから、やられたら相手にも同じことをして仕返しするということ。

解釈 韓 日本と同じ。

533

㊐ **目の上の瘤《こぶ》**　눈 위의 혹

韓 **눈엣 가시**　目の棘

意味　自分にとって邪魔になるもの。

解釈 ㊐ 自分よりも力が上で、何かとめざわりで邪魔になるものをたとえている。「目の上のたんこぶ」ともいう。

解釈 韓 目の中に棘が入ったときのように、自分自身に対して困ったことや心配なこと、気に食わないことのたとえ。

534

㊐ **目の黒い内**　눈이 검을 동안

韓 **눈에 흙이 들어가기 전**　目に土が入る前

意味　生きている間。目の玉の黒い内。

解釈 (日) 元気で色々なことに目が行き届いている間。

解釈 (韓) 韓国では人が死んだら埋葬をする(現在は火葬が法律化されている)。遺体の上に土がかぶされて目のなかにも入ることから、生きている間のこと。

535

(日) **目は口ほどに物をいう**　눈은 입만큼 말한다

(韓) **눈은 입만큼 말한다**　目は口ほどに物をいう

意味　ことばに出さなくても、目の表情で相手に伝えることが出来る。また、ことばでうまくごまかしても、目に本心が表れるものである。

536

(日) **目は心の鏡**　눈은 마음의 거울

(韓) **눈은 마음의 거울**　目は心の鏡

意味　目はその人の心のありさまをそのままに映し出す、鏡のようなものだということ。

解釈 (日)「目は心の窓」ともいう。

解釈 (韓)「눈은 마음의 창　目は心の窓」ともいう。

537

(日) **目は節穴《ふしあな》か**　눈이 옹이구멍인가

(韓) **가죽이 모자라서 눈을 냈는가**　皮が足りなくて目を出したのか

意味　目とは体の中で見るための器官であるから、その役目をしっかり果たすように心がけろとの意。

目を皿のようにする

解釈 ㊐ 目は板などにあるただの節穴ではなく、物事を見るためのものだから、しっかり見るべきであるとの意。

解釈 ㊙韓 目は見るためにあるもので体の皮が足りなくて目を出したことではないという意味で、目の前にあってよく見えているのに、それを見逃している人に対して比喩的にいうことば。

538

㊐ **目を皿のようにする** 눈을 접시처럼 하다

㊙韓 **눈이 등잔만 하다** 目が油皿のようだ

意味 何かを探そうと目を丸くしてきょろきょろすることを俗っぽくいうことば。

解釈 ㊙韓「떡국점이 된 눈깔 お雑煮のなかに入っている丸い餅の形になっている目」ともいう。

539

㊐ **目を細める** 눈을 가늘게 뜬다

㊙韓 **눈을 가늘게 뜬다** 目を細める

意味 うれしくて目を細くしてほほ笑む様子。

540

㊐ **雌鶏時を告ぐる** 암탉이 울어서 새벽을 알린다

㊙韓 **암탉이 울면** めんどりが鳴けば
집안이 망한다 家が滅ぶ

意味 女性の勢いが盛んなこと。

解釈 ㊐ めんどりがおんどりに先んじて朝の時を告げると(女が勢力をふるい過ぎると)災いを招くとして忌まれた。また、女が男に代って権威を振るうこと。

解釈 ㊙韓 家のなかで妻が夫をそっちのけにして、仕事に口出しをすれば、なにごともうまくいかないという意。女性の方が威勢を

張ると災いのもとになるというたとえ。「암탉이 노래하면 집안이 망한다　雌鳥歌えば家滅ぶ」「빈계사신　牝鶏晨す」ともいう。

も

541

㊐ **孟《もう》母《ぼ》三遷《さんせん》の教え**　맹모삼천지교

㊕ **맹모삼천지교**　孟母三遷之教

意味　子どもの教育にはよい環境を選ぶことが大切であるという教え。

解釈 ㊐　孟子の母が子の教育に適した環境を選んで、居所を三度移し変えたという故事。墓所の近くに住んでいた孟子が埋葬のまねをして遊ぶので、母は市場のそばへ移った。しかし、商売のまねをして遊ぶので、学校のそばに転居したところ、今度は礼儀作法のまねごとをするので、母は初めて安心して住居を決めたということ。

解釈 ㊕　日本と同じ。

542

㊐ **餅より餡が高くつく**　떡보다 팥소가 비싸게 든다

㊕ **발보다 발가락이 더 크다**　足より足の指がより大きい

意味　主より副のほうがより目立つとの意。

解釈 ㊐　本来主であるべき餅より中に入れる餡が高いことで、本末転倒のときにいう。

解釈 ㊕　足は足の指より大きいことは当然なのにその逆の大きさになっている。「한 되 떡에 다섯 되 고물　一升の餅に五升の取り粉」、「배보다 배꼽이 더 크다　腹より臍がより大きい」ともいう。

543

㊐ **本《もと》木《き》にまさる末木なし**　나무 밑동보다 나은 가지는 없다

㊕ **구관이 명관이다**　旧官が名官だ

意味　次々に手を出しても、結局は最初のものがよいということ。

解釈 ㊐ 最初に伸びる幹以上に立派な枝木はない。何度取り替えてみても、やはりもともと一緒だった最初の相手がいちばんよいということ。知り合ったばかりの人間より、昔からの知り合いがよいということ。多く男女関係や友人関係についていう。

解釈 ㊙ 以前から仕事に携わっている人は熟練しているので、その仕事をうまくすることができる。また、年長者の体験は貴重なものであるという意。「바람도 지난 바람이 낫다　風も前の風がよい」ともいう。

544

㊐ **物は言い残せ、菜は食い残せ**	말은 줄이고 나물은 남겨라
㊙ **말은 할수록 늘고 되질은 할수록 준다**	ことばはしゃべるほど増え、升は量るほど減る

意味　しゃべりすぎを慎み遠慮深くせよとの戒め。

解釈 ㊐ 思ったことをすべて言ってしまうのは考えものだ。食べたいからといって料理をすべて食べるのも害がある。言葉と食事は控えめにせよという意。

解釈 ㊙ ことばとはたくさんの人の口を通せば通すほど、元の内容より誇張されて伝わり、物は移すほど段々と減っていくという意。

545

㊐ **物は言いよう**	말은 말하기 나름
㊙ **말 잘하고 징역 가랴**	ことばを上手に言ったら懲役に行かない

意味　同じことでも話の仕方によって、良くも悪くも受け取られる。

解釈 ㊐「言い方が悪いと角が立つ」ともいう。

解釈 ㊙ ことばを上手に言えば、罪を犯して刑務所に行くことも免れることが出来るということで、ことば使いはとても大切だということば。「말이 고마우면 비지 사러 가서 두부 사 온다

ことばが有難ければおからを買いに行って豆腐を買って来る」ともいう。

546

㊐ **門前の小僧、習わぬ経を読む**
절 앞에 사는 아이 배우지 않은 경문을 읽는다

㊙ **서당개 삼년이면 풍월을 읽는다**
書堂の犬三年にして風月を吟ず

意味　普段見聞いていると、自然に覚えるものである。

解釈 ㊐　寺の門前に住んでいる子どもは、朝夕僧たちの読経を聞いているので、習っていなくても経を自然に読むようになる。「勧学院の雀は蒙求をさえずる」ともいう。

解釈 ㊙　風月とは漢詩をさしている。学者の出入りが頻繁なところで飼われている犬は、文字を教えてもらったわけでもないのに、その環境の影響を受けて自然に文字を覚え、漢詩を吟ずということ。「산까마귀 염불한다　烏が念仏をする」ともいう。

や

547

日 **やきもきする**　안절부절하다

韓 **간장을 태우다**　肝腸を燃やす

意味　気をもませる。

548

日 **焼け石に水**　불에 달구어진 돌에 물

韓 **언 발에 오줌 누기**　凍えた足元に小便かけ

意味　少しばかりの援助や努力では、まるで効果がないこと。

解釈 日　火に焼けて熱くなった石に、水を少しばかりかけても冷めないように、援助や努力がわずかでは、効果が上がらない状態であることをたとえている。「焼け石に雀の涙」ともいう。

解釈 韓　凍えた足元に生温い小便をかけても、ほんの一時凌ぎに過ぎず、かえって後味が悪く無駄なことである。やったことが一時的には効果があっても、結果的には害を与えることになるということ。

549

日 **安物買いの銭失い**　싸구려 물건을 사서 돈만 버린다

韓 **싼 게 비지떡**　安いのがおからの餅

意味　値段の安いものは品質がわるく、かえって損をする。

解釈 日　あまり値段の安いものを買うと、品質が悪く使い物にならなかったり、じきに買い替えなければならなかったりで、かえって損失となる。

解釈 韓　おからの餅とは、おからに米粉や小麦粉をまぜてフライパンで薄く焼いた餅のこと。「おから」は豆腐の殼。

550

㊐ **やせ馬の先走り**　마른 말의 선두 달림

㊊ **이른 새끼가 살 안 찐다**　早い子は身がつかない

意味　早熟な人は偉大な人物になりにくいとのことば。始めは大変容易だが、後半はうまく行かないということば。

551

㊐ **柳腰《やなぎごし》**　버드나무허리

㊊ **버드나무 허리**　やなぎごし

意味　細くてしなやかな腰。一般には美人のたとえとして使われる。

552

㊐ **薮《やぶ》をつついて蛇を出す**　덤불을 쑤셔서 뱀을 나오게 한다

㊊ **긁어 부스럼**　掻いて吹き出物

意味　しなくてもよい余計なことをして、かえって災いを受けること。

解釈 ㊐　つつかなくてもよい薮をつついて、いやな蛇を追い出す。あまり他をせんさくして、かえって自分の不利を招くこと。

解釈 ㊊　何ともない肌を爪で引っ掻いて、小さな吹き出物をだんだん大きくすること。何でもないところに余計なことをして、ことをますます大きくすること。「아무렇지 않은 다리에 침 놓기　何ともない脚に鍼針刺し」ともいう。

553

㊐ **病は気から**　병은 기로부터

㊊ **물에 빠져도 정신을 차리면 산다**　水に溺れても気をしっかりすれば救われる

意味　気の持ち方次第で、物事は大きく変わる。

解釈 ㊐ 気の持ち方次第で病気は良くも悪くもなる。

解釈 ㊙ どんなに困難な状況に陥っても、気持ちさえしっかりしていれば救われる道があるということば。

ゆ

554		
	日 **雄弁は銀、沈黙は金**	웅변은 은 침묵은 금
	韓 **말 많은 집은 장맛도 쓰다**	口数の多い家はチャン(味噌、醤油、唐辛子味噌)味も苦い

意味　口数の少ないことは口数の多いことに勝る。

解釈 日　雄弁は大事であるが、沈黙すべき時やその効果を心得ているのは更に大事である。沈黙を守るほうが優れた弁舌より効果的であることをいう。「沈黙は金」ともいう。

解釈 韓　家庭料理の味はチャン (味噌、醤油、唐辛子味噌) の味によって左右されるものである。年一回のチャン作りは大切な行事で、おいしいチャンを作るため、主婦は最善を尽くす。幸せな家庭では、いつもおいしい食事ができるが、よけいな口出しは喧嘩を招いたりすることから、食事の時の喧嘩は食欲をおとし、料理に使われたチャンの味が苦く感じられる。また、口数の多い人は、災いのもととしてよくないものだということ。「침묵은 금　沈黙は金」ともいう。

555		
	日 **行きがけの駄賃**	가는 김의 심부름 삯
	韓 **도적이 돈을 빼앗지 못하면 주인 뺨이라도 때리고 뛴다**	盗賊がお金を奪うことができなければ主人のほっぺたでも殴って逃げる

意味　悪事を働いたついでにさらに別の悪事も働くことのたとえ。

解釈 日　馬子が問屋へ荷物を受け取りにいくとき、空馬を利用し、別の荷物を乗せて運び賃を稼いだところから、あることをするついでにほかのことをして金品を得ること。

解釈 韓　泥棒が何もせずその場を退散することはなく、必ず害になることをして行くことを比喩的にいうことば。

행차 뒤에 나팔
お出まし後の喇叭

籠に閉じこめられた一羽の鳥が、昼には鳴かずにいつも夜にだけ鳴いた。ある日、コウモリがその鳥に、どうして夜にだけ鳴くのかと聞いた。すると、昼に鳴いていて、このようにつかまってしまったので夜にだけ鳴いていると答えた。その話を聞いたコウモリは笑いながら言った。「今になって気を付けても何の役にも立たないよ。捕まる前に気を付けるべきだったね。」

よ

556

㊐ **要領がいい**　요령이 좋다

㊙ **방위 보아 똥 눈다**　方位を見て大便をする

意味　人の地位を見てそれぞれに合わせて違う対応をする。

557

㊐ **酔うを悪《にく》みて**
酒を強《し》う　취하는 걸 싫어하면서
술을 강행한다

㊙ **겉 다르고 속 다르다**　表と裏が違う

意味　することと思うことが一貫しないこと。

解釈 ㊐ 酒に酔うことを嫌いながら、無理に酒を飲むことで、思うこととすることが違うことをいう。

解釈 ㊙ 表と裏が違うという意味は、行動とことばが一致しないとの意。

558

㊐ **欲に頂きなし**　욕심은 끝이 없다

㊙ **욕심은 끝이 없다**　欲は限がない

意味　欲にはこれ以上はもういいという限度がない。

559

㊐ **欲に目がくらむ**　욕망에 눈이 멀다

㊙ **허욕에 들뜨면**
눈앞이 어둡다　虚慾に浮き立てば
目の前が暗い

意味　欲のために理性を失い、正しい判断が出来なくなるということば。

解釈 ㊐「欲に目見えず」、「欲に目が無い」ともいう。

解釈 ㊊「욕심이　사람 죽인다　欲が人を殺す」、「욕심에 가리면 보이지 않는다　欲に目見えず」ともいう。

560

㊐ **欲の熊鷹《くまたか》股裂ける**　욕심장이 뿔매 가랑이 찢긴다

㊊ **심통이 놀부 같다**　心痛が欲張りのノルブのようだ

意味　あまり欲が深いと逆に自分の身を滅ぼす。欲深い人をたとえることば。

解釈 ㊐ 熊鷹が両足に一頭ずつの猪を捕まえたが、左右に逃げ出した為股が裂けてしまったことから、欲深いと禍を受けるとの意。

解釈 ㊊「フンブとノルブ」という韓国伝来童話のなかで、ノルブは欲張りの兄として登場するが、それにたとえて大変欲張りな人のことをいう。

561

㊐ **横のものを縦にもしない**　옆의 것을 세로로도 놓지 않는다

㊊ **손톱 하나 까딱하지 않는다**　爪ひとつ身動きしない

意味　仕事をせずに、簡単にできることもおっくうがって非常に不精であることのたとえ。

解釈 ㊐ 横になっているものを縦に直すほどの簡単なこともめんどうくさがってしないという意から、簡単にできることもおっくうがること。

解釈 ㊊ 仕事をするには手を動かすのが基本であるが、手の末端部分の爪さえ微動しないことから、非常に不精であること。

562

㊐ **よだれが落ちる**　침 흘리다

㊊ **침 흘리다**　よだれが落ちる

意味　目の前にある物をひどく欲しがるさま。

解釈 ㊐「喉を鳴らす」、「喉から手が出る」ともいう。

解釈 ㊙「침을 삼킨다　よだれを飲み込む」ともいう。

563		
	㊐ **嫁が姑になる**	며느리가 시어머니되다
	㊙ **머리가 모시 바구니가 다 되었다**	髪が苧麻カゴになった

意味　年月の流れの速さや人生の盛衰が瞬間であることのたとえ。

解釈 ㊐ ついこの間、嫁に来たと思っていたら、もうその嫁が姑になっているという意から歳月の流れが早いことのたとえ。「歳月人を待たず」ともいう。

解釈 ㊙ 真黒だった髪の毛がいつの間にか苧麻カゴのように白くなったということで、早い歳月の流れをいうことば。「백발도 내일 모레　白髪も明日あさって」ともいう。

564		
	㊐ **寄らば大樹の蔭**	의지하려면 큰 나무의 그늘
	㊙ **나무는 큰 나무 덕을 못 보아도 사람은 큰 사람의 덕을 본다**	木は大木の恩恵を被らぬが、人は偉い人の恩恵を被る

意味　人に頼れるなら権力のある偉い人の方が利がある。

解釈 ㊐ 身を寄せるなら大木の下の方が、小さい木の蔭より安全で利の多いことのように、人に頼るならば、勢力があって、しっかりした者に頼るがよいということをたとえている。「立ち寄らば大木の蔭」ともいう。

解釈 ㊙ 大きな木の下に立っている小さな木は、伸びないものであるが、人は偉い人を頼りにし、その人の世話になれば、多くの事を教えてもらい、出世しやすくなるということ。

ら

565

㊐ **楽あれば苦あり**　낙이 있으면 괴로움이 있다

㊙ **고생 끝에 낙이 온다**　苦労の後に楽がある

意味　苦労の後には、楽がめぐってくるものである。

解釈 ㊐　今、楽だからといって油断すると、後で苦労しなければならず、今苦労しておけば将来が楽につながるということ。「楽あれば苦あり、苦あれば楽あり」ともいう。

解釈 ㊙　汗を流して大変な仕事を済ますと、その後は楽しい時期がめぐってくるということで、人は努力し、苦労をすることによって始めて成功を収めるということ。「고진감래 苦尽甘来」ともいう。

り

566

㊐ **両手バンザイをする**　양손 만세를 부르다

㊕ **네 발을 들다**　四つ足を上げる

意味　降伏するとの意。

解釈 ㊐「お手上げ」ともいう 。

解釈 ㊕「손들다　お手上げ」ともいう 。

567

㊐ **良薬は口に苦し**　양약은 입에 쓰다

㊕ **입에 쓴 약이 몸에 좋다**　口に苦い薬が体に良い

意味　口に苦い薬が体に良いように、有益な忠告は甘いことばではないが、自身のためには有難いと思うべきだという意。

解釈 ㊐ 病気によく効く薬は味が苦くて飲みづらい。自分のためになる忠告も聞きづらい。「良薬は口に苦し、忠言耳に逆らう」ともいう。

解釈 ㊕ 薬といえば、そのイメージから苦い感じがあり、蜂蜜でも薬として飲もうとしたら飲みにくくなる。病気によく効く薬は苦くて飲みにくいことのように、身のためになる忠告は聞きづらいものである。「양약은 입에 쓰다　良薬は口に苦い」、「꿀도 약이라면 쓰다　蜂蜜も薬となれば苦い」ともいう。

る

568

㊐ **類は友を呼ぶ**　유는 벗을 부른다

㊙ **유유상종**　類類相従《るいるいそうじゅう》

意味　気の合った者、似た者は自然に寄り集まる。

解釈 ㊐ 同じような性格を持った人、同じ趣味をもった人など似た者同士は自然に寄り集まる。「類は友を以って集まる」ともいう。

解釈 ㊙ 同じ性格や趣味など似た者同士は、自然に集まるようになること。

ろ

569

(日) **論語読みの論語知らず**　논어를 읽되 논어를 모른다

(韓) **수박 겉 핥기**　西瓜の皮なめ

意味　あさはかな見解のこと。

解釈 (日)　書物に書いてあることを理解するだけで、実行の伴わない者をあざけっていう。学者に見られる弊害を指摘したことば。

解釈 (韓)　味もそっけもない西瓜の皮をなめても中身の甘い味は知らない。表面だけを観察しても、本質は見抜けないという意。

わ

570

(日) **若い時の辛労は買うてもせよ**　젊었을 때 고생은 사서라도 해라

(韓) **초년 고생은 은 주고 산다**　初年苦労は銀で買う

意味　若いうちにする苦労は人間を鍛えてくれるものであるから、自ら進んで引き受けるべきだとの意。

571

(日) **若木の下で笠を脱げ**　어린 나무 아래에서 삿갓을 벗어라

(韓) **동생의 말도 들어야 형의 말도 듣는다**　弟 (妹) の話を聞入れてこそ兄の話も聞かれる

意味　若者や年下のことを疎かにしないこと。

解釈 (日)　若木が大木に生長するように、若い人は将来どれほど延びて行くかわからないから、あなどらないで敬意を持って接するべきである。

解釈 (韓)　目上だといって一方に押し付けたり、要求を強要したりしてはならないという意。

572

(日) **我が子自慢は親の常**　자식 자랑은 어버이의 상사

(韓) **자식 추기 반 미친놈 계집 추기 온 미친놈**　子自慢は半分狂ったやつ、妻自慢は完全に狂ったやつ

意味　親はいつも自分の子を自慢したがる。

解釈 (日)　親というものは、どんな平凡な子でも、また他人がみてほめられないような子でも、他人に自慢したいものだということ。

解釈 (韓)　およそ人は、自分の子どもや妻の自慢をしたがるものである。

そのことを嘲笑することば。「온통으로 생긴 놈 계집 자랑 반편으로 생긴 놈 자식 자랑　阿呆の妻自慢、ばかづらしたやつの子自慢」ともいう。

573

㊐ **渡る世間に鬼はない**　살아가는 세상에 못된 귀신은 없다

(韓) **사람 살 곳은 골골이 있다**　人の住める所はどこにもある

意味　この世にはやさしい人情というものがある。

解釈 ㊐　この世のなかには冷酷で鬼のような人、あるいは薄情な人ばかりではなくて、慈悲深く人情の深い人も必ずいるということ。「棄てる神あれば助ける神あり」ともいう。

解釈 (韓)　世のどこに行っても助け合う心、やさしい人情というものがある。どんなに苦しい状況にある人でも、生きて行ける道はあるということ。

574

㊐ **笑う門には福来る**　소문만복래

(韓) **웃으면 복이 온다**　笑うと福来る

意味　笑顔と明るさを絶やさなければ、幸せがやってくるということ。

解釈 ㊐　いつも笑いの絶えない家庭には、自然と幸福がやってくるということ。「門」は家庭、または家のこと。「祝う門に福来る」ともいう。

解釈 (韓)　笑うことによって自然に福が訪れるということで、苦しみや悲しみの中にあっても、前向きに望みを持つことが、幸せをもたらす基になるということ。

575

㊐ **破れ鍋にとじ蓋**　깨진 남비에 꿰맨 뚜껑

(韓) **짚신도 제 날이 좋다**　草鞋も自分の経糸がいい

意味　何事でも、似通った程度のもの同士のほうがよいということ。どんな人にもふさわしい配偶者はあるものだ。

解釈 ㊐ こわれた鍋にも、それに似合う修理した蓋があるものだ。どんな人にも、それ相応の配偶者がいるものだ。「牛は牛連れ、馬は馬連れ」ともいう。

解釈 ㊙ 「草鞋の経糸」とは、縦に通っている糸のこと。草鞋を作るには、足の大きさによって縦糸が変わってくるので、足の大きさと縦糸は相応しくなければならない。このように人と人は、相応しくなければ釣り合わないということ。「짚신도 제 짝이 있다　草鞋も組みそろいの片方がある」ともいう。

한글 찾아보기 (韓国語索引)

ㄱ

ㄴ

ㄷ

ㅁ

ㅅ

ㅇ

ㅈ

ㅍ

ㅎ

参考文献

外山滋比古『ことわざの原理』（東京書籍 1983）

向学図書編『故事ことわざの辞典』（小学館 1986）

孔泰瑢編『韓国の故事ことわざ辞典』（角川書店 1987）

若松寛編『日本ことわざ辞典』（書文堂 1988）

昭文社編集部編『ことば・ことわざ・格言辞典』（昭文社 1990）

尾上兼英監修『成語林故事ことわざ慣用句』（旺文社 1992）

井上宗雄監修『例解慣用句辞典』（創拓社 1992）

鈴木棠三『新編故事ことわざ辞典』（創拓社 1992）

小学館編『ことわざの読本』（小学館　1995）

長谷川鑛平・中田武司編『ことわざ辞典』（高橋書店 1998）

五味太郎編『ことわざ絵本』（岩崎書店 1998）

丹野顯『ことわざ便利辞典』（日本実業出版社 1999）

三省堂編『故事、ことわざ、慣用句辞典』（三省堂 1999）

時田昌瑞『岩波ことわざ辞典』（岩波書店 2000）

金丸邦三『日中ことわざ辞典』（同学社 2000）

伊宮伶編『からだ表現の辞典』（新典社 2002）

東郷吉男『からだことば辞典』（東京堂出版 2003）

宮腰賢『故事ことわざ辞典』（旺文社 2003）

曺喜澈『韓国語辞書にない俗語慣用表現』（白帝社 2004）

張福武『四カ国語共通のことわざ集』（慧文社 2005）

米川明彦、大谷伊都子編『日本語慣用句辞典』（東京堂出版 2005）

江川卓他『世界の故事、ことわざ、ことわざ辞典』（自由国民社 2006）

韓国古典新書編纂会『정선ことわざ解説辞典』（홍신文化社 1994）

ハングル学会編『最新ハングル大辞典』（白帝社 1994）

東亜出版社編『東亜韓日辞典』（東亜出版社 1996）

民衆書林編集局『民衆エッセンス日韓辞典』（民衆書林 1996）

林鍾旭編『故事成語大辞典』（高麗苑 1996)

民衆書林編集局『民衆エッセンス国語辞典』(民衆書林 1999)

심후섭篇『韓国のことわざ』（図書出版이상社 1999)

太乙出版社編集部編『꼭 집은 속담둥지』（太乙出版社 2000)

宋在『상말ことわざ辞典』(東文選 2003)

YBM SISA 篇『大韓民国나라말辞典』（YBM SISA 2003)

池秉吉篇『속담맛보기』(図書出版코람데오 2005)

원영섭篇『우리속담풀이』（세창미디어 2006)

김은경『우리말속담』（황금두뇌 2006)

著者略歴

賈 恵 京(か へぎょん)

韓国生まれ。忠南大学校卒業。
鳥取大学大学院教育学研究科修士課程修了。
兵庫教育大学大学院連合学校教育学研究科博士課程単位修得満期退学。
現在、鳥取大学、鳥取環境大学、鳥取短期大学、鳥取看護大学講師。

著書
『日韓両国語における敬語の対照研究』(白帝社)、『わくわく韓国旅ガイド』(白帝社)、
『ことわざで楽しむ韓国語中級』(白帝社) など。

改訂版 日韓類似ことわざ辞典

2000 年 2 月 15 日 初版発行
2007 年 6 月 20 日 改訂初版発行
2019 年 3 月 30 日 改訂 4 刷発行

著 者 賈 恵 京
発行者 佐藤康夫
発行所 白 帝 社

〒 171-0014 東京都豊島区池袋 2-65-1
TEL 03-3986-3271 FAX 03-3986-3272
http://www.hakuteisha.co.jp

組 版 世正企劃
印 刷 平河工業社 製 本 ティーケー出版印刷

Printed in Japan ISBN 978-4-89174-822-7